JN033689

たとえば「あ行」が
苦手な君に

注文に
時間がかかる
カフェ

大平一枝
Kazue Ohdaira

ポプラ社

接客をしたいけれど、
吃音で言葉がうまく出てこない
そんな若者たちが始めた、
奇想天外な店の名は――
注文に時間がかかるカフェ

この不思議なカフェを訪れた人はみな気づく
急がない、待つことの幸せ

時間がかかっていい

勇気を振り絞った一歩が、
やがて人生を大きく変えることもある

注文に時間がかかるカフェ　発起人・奥村安莉沙

注文に時間がかかるカフェ

たとえば「あ行」が苦手な君に

目　次

装画　日下明
装丁　岡本歌織（next door design）

序章　言葉を巡る旅への離陸

他者と向き合うとき、本当は私の話など興味ないんじゃないかと、疑いたくなる悪い癖がある。

相手の相槌《あいづち》が多いほどそうだ。自分を見ているようで、せつなくもなる。

私は、取材現場で無駄に相槌が多い。限られた時間内に、気持ちよくたくさん話してもらいたい。前のめりな気持ちが過剰な相槌を生み、たたみかけるようにして相手の言葉を先取りし、急ぐ。そう、本当にいつも急《せ》いている。早口になり、自分の言葉やリアクションに重みがないのが、昔からコンプレックスだった。

だから、吃音《きつおん》のある若者が接客をする「注文に時間がかかるカフェ」の物語を、と依頼されたときは脳のどこかがしびれた。なんでもファストがいいとされるこの世の中で、待つことを是とするネーミングは、太くて重い一本の杭のようだ。今きっと、誰もに必要な心の杭。

SNSでもテレビでもネットでも、誰もが「私を見て」「話を聞いて」と主張している。私など食事の席で自分しか話していなかったと、あとから恥ずかしくて眠れなくなることの連続だ。人は、話すより聞くほうがずっと難しい。

けれど、吃音は自分から遠すぎる。

これまで一度も考えたことがない。周りにもいない。

「吃音って、最初の言葉を繰り返すあれ、ですか」

その程度の認識しかなかった。

「あ、あ、あ、ありがとう」と同じ一音を繰り返すのを〝連発〟、「あ――――りがとう」と最初の音を引き伸ばすのを〝伸発〟、「…………ありがとう」と言葉が出にくいのを〝難発〟。吃音は、「繰り返す」「引き伸ばす」「出にくい」の三種に大別されると知ったのは、もっと後のことである。

折しも二八年の執筆生活で、もっとも仕事が団子状につまっていた。縁遠い吃音というテーマに、とても時間を割けそうにない。いますぐ書きたいテーマも山積している。

前向きな気持ちになれぬまま、とにかく一度、発起人の奥村安莉沙《ありさ》さんに会ってから執筆の返事をすることになり、打ち合わせを終えた。

一六八センチのスリムな長身にショートカット、それまでさまざまな記事で見かけたトレードマークらしき紺ブレ姿の彼女は、一語一語、言葉をテーブルに並べるようにゆっくり丁寧に話す。どもりもつまりもない。

重い吃音症状があったが、成人してからオーストラリアで治療。今は、一聴した限りではわからないくらいに改善されている。とはいえ発話の訓練は、毎日欠かさず七年間続けているとのこと。

思わず、ぶしつけに尋ねた。

「吃音の症状が出るときもあるのでしょうか」

「はい。今は出にくい言葉を言い換えています。とくにア行が苦手なので、奥村安莉沙という自分の名字も名前も言いづらいですし、この年になってもいまだに、四月の進級進学の自己紹介シーズンになると、うなされたり悪夢を見たりするんですよ。一週間くらい」

吃音当事者にとって、春は気持ちが重くなる季節なのだという。皆の前で、順番に自己紹介をする時間は、「まさに地獄です」（奥村さん）。

アルトのやわらかな細い声。彼女が話し出すと、自然に耳を澄ます。

言葉数が多くはないが、けして足りないわけでもない。質問に対し、適切な言葉を探し、選択しながら組み立てているのがわかる。私にはない美しい語りに惹きつけられた。

「かねがね自分の言葉が過剰で、話し方がコンプレックスでした。奥村さんのリズムやトーンは魅力的です」と言うと、驚いたように目を丸くした。

「そんなふうに言われたのは初めてです」

苦労の末にたどりついた話法に対し、私の羨望がひどくとんちんかんで間違っていると、このときは気づかなかった。

奥村安莉沙さん（三一歳）は一〇歳のとき、遊び心で自分宛てに手紙を書いた。

〈20歳のわたしへ。あなたはカフェの店員さんになる夢をかなえていますか〉

　ちょうど一〇年後。

　掃除をしていた引き出しの奥から手紙を見つけ、胸が締め付けられた。吃音のために夢などとっくに諦めていた。ぐしゃぐしゃの紙片から、夢を見ることさえ忘れている今の自分が透けてみえた。

「母がコーヒー好きで、幼いころからよく地元、相模原市の橋本という駅ビルにあるスターバックスに連れて行ってもらいました。おしゃれで、働くお姉さんお兄さんたちが楽しそうで。私もこういうところでいつか働きたいなあと、すごく憧れました。でも、〝ありがとうございます〟〝いらっしゃいませ〟は、ア行で始まります。金額の数字もスラスラ言えない。だんだん私には無理だなと諦めるようになって、大学二年の夏休み、相模原の金属工業団地で車の部品を組み立てるバイトをしていました。話さなくてもすむバイトは、どうしても工場や裏方の単純作業になってしまいます。帰るとき、あのスタバが外から見えるんですね。複雑な注文を笑顔で聞いて、てきぱきとさばいて。ふと見ると私の手は油で黒くて。いいなあ、あんなところで働きたかったなって、いつも胸が締め付けられるようだったのを思い出しました」

接客は、つねにできるだけ早く、マニュアル通りの言葉をスムーズに発しなければならない。吃音の不安から、話さずにすむバイトを選んだはずなのに、スタバを見ると胸が塞ぐのは、話すことが苦手なのに大好きなのだという相反する感情を再認識させられるからだ。

二五歳。オーストラリアのカフェで念願が叶う。

四カ月働いた個人経営のその店は、オーナーのポリシーで、移民、ホームレス、障害者、持病を持つ人なども、他のスタッフと区別なく採用。時間がかかっても、間違えても、店員も客も笑顔だ。見たこともない平和な空間が広がっていた。

帰国後、引き出しの奥に葬っていた夢をもう一度すくい出す。

あのころの自分のように、接客に憧れている吃音の若者が今もきっといるはずだと思った。憧れ続けた末に、ぐしゃぐしゃになった夢をしまいこみ、なかったことにして日々を過ごしている自分のような子が。

言葉につかえてもいい一日限定のカフェは、こうして生まれた。

だいそれた志があるわけじゃないと、しきりに謙遜する。最初は自分がカフェ店員をとにかくやってみたかった。そのうち、いろんなことを諦めてきた私のような思いを、若い子たちにはさせたくない、吃音を持つ若者たちが、私が生きてきた時代より、生きやすくなってほしいという気持ちがふくらんでいった。それだけなんです、と。

「注カフェは、やってて楽しいです。楽しくないと続きませんから」

注カフェという略し方から、彼女の生活や人生に、この活動がどれくらい占めているかが伝わってきた。

注カフェで募集するスタッフは高校・大学生が中心だ。参加前に、未成年には親の同意書を提出してもらう。本人は参加したくても、周囲に知られたくないという親や親戚が少なくないためだ。

スタッフと一〇歳余しか違わない彼女の、「私が生きてきた時代」というきっぱりした区切り方が気になった。

今、吃音はどう受け止められているのだろう。「我が子が吃音と知られたくない」と考える親の世代から、価値観や認識はどう変化しているのか、あるいは変化していないのか。

「子どものころ、お友達が、親から〝吃音はうつるから〟と教えられ、私と一緒に遊ぼうとしませんでした」

ふと、古い記憶が蘇る。

小学一、二年のころか、私はドラマ『裸の大将放浪記』を見て、吃音の主人公の真似をしていたら、「癖になるよ」と母親に注意された。

四十余年前の根拠のないデマが、奥村さんの時代にも信じられていたことに愕然とする。

「注カフェに参加した子は、〝同世代の吃音当事者の子と、人生で初めて出会った〟とよく言います。それだけ吃音の子って孤独で、横のつながりがない場合がほとんど。私のころと全然変わっていません」

初対面のその日、編集部から駅までふたりで歩いて帰った。少し申し訳なさそうに、彼女は言った。

「あのう、一枝さんって呼んでいいですか。おおだいらって、ア行だから言いにくくて」

はっとした。

打ち合わせの二時間、彼女はどれほど頭の中で、言葉を言い換える工夫を重ねていたのか。苦手な音を避け、首尾よく気持ちが伝わる言葉を探し、瞬時に言い換える作業をずっと、脳内で繰り返していた。

もはや、身についたならいで、本人は無意識に近いかもしれないが、あのおっとりした、私には魅力的にさえ感じられる口調は、目に見えないたくさんの努力が下支えしていたと知る。

吃音は目に見えない。歳を重ねるほど語彙が増え、言い換えも容易になる。そうすることで、一見吃音と感じさせずに、しかし陰で言い換えの工夫を永遠に重ねながら話している人がどれだけいるのだろう。それは疲れないのだろうか。言い換えなどせず、どもってもつまっても、そのまま話したいと思う瞬間はないのだろうか。

「吃音は、全国に一二〇万人いて、一〇〇人にひとりの割合と言われています」

(奥村さん)

「まあその」という前置きを入れることでしゃべりやすくする工夫をしていた田中角栄、マリリン・モンローやエルビス・プレスリー、最近ではジョー・バイデン、エド・シーラン、日本では小倉智昭アナウンサーが自身の吃音体験を語っている。

一〇〇人にひとりなら、小さな小学校にも必ずひとりふたりいる計算になる。だとしたら、私が気づかないだけで、人知れず吃音を抱え、もしかしたら悩んだり孤独だったりした友達がいたはずだ。出会ってきた大人にも、いたかもしれない。

遠い話ではなかった。

そんなにたくさんいるのに、なぜ吃音当事者の若者は、注カフェに参加するまで、同じ症状の友達を見つけられないのか。

「私のような思いを若い人たちにさせたくない」と、奥村さんは立ち上げの動機を語った。「私のような」とは、どんなか。

接客だけでなく営業、教育、マスコミ、コンサルタント。吃音があることで、諦めなければいけない職業はあるのだろうか。そもそも治るのか。学校教育の現場ではどんなサポートや指導がされているんだろう。にわかに疑問がふくらむ。

いったん彼女と別れたその夜、注カフェの自主制作映画『注文に時間がかかるカフェ～僕たちの挑戦』上映会に行った。社会問題にとりくむ非営利法人の主催で、上映後、奥村さんのトークコーナーもある。
製作・監督／奥村安莉沙。主演／大木瑞稀、喜多龍之祐、過《すぐる》心《こ》杏《のん》、西川未《み》空《く》。二〇二二年七月、川崎市内で開かれた注文に時間がかかるカフェで店員を務めた一〇～二〇代前半、四人の姿を追ったドキュメンタリーである。制作費はクラウドファンディングで募った。文科省選定映画、東京都推奨映画に認定されている。

　歌が大好きで、歌っているときは吃音が出ないという仙台の過心杏さん（一九歳）が、劇中、初めて人前で主題歌を披露している。曲を作ったのも初めてだ。「いつか歌で人の前で気持ちを表現したい」と口にしていた心杏さんの夢を聞いて、「主題歌やってみない?」と、奥村さんが声をかけた。

「ビルの屋上で、一般のお客様三〇名を募集してライブをしたのですが、彼女がギターをポロンと一度鳴らすだけで、スタッフ全員が手を止め、観客全員が引き込まれていくのがわかりました。私もこんなに素敵な歌声だったのかと感激して、胸が震えました」（奥村さん）

私が観た上映会場の全員が、きっとその撮影時と同じ気持ちだ。澄んだ鈴の音《ね》のような歌声。諦めていた歌への想い、今日までの、できれば蓋をしておきたかった苦しい日々。もう一度夢を目指してみたいという言葉がやわらかに、繊細に、優しい薬のように細胞の隅々までしみこむ。
ハンカチを取り出すまもなく頬が濡れた。隣席の男性が号泣している。

毛玉だらけの親友にだけひっそり教えた夢
「頑張れ自分」勇気貰える魔法の　おまじない
いつか今が　過去になって　思い出す
その時には変わってたい
あの時置いてきた夢をもう一度持ってもいいかな？
一番好きで大嫌いな　この音で　私が生きるための歌
毛玉だらけの親友にだけひっそり「諦めたよ」
「頑張れ自分」三回唱えても　もう効かないみたい

言葉の砂は上手く流れない　自分を叩いても流れなくて
あの時置いてきた夢をもう一度持ってもいいかな？
応援歌でもエールでもない　独りなのは　一人じゃないと　伝えたい

あの時置いてきた夢をもう一度掴んで離さない
一番好きで大嫌いなこの音で　私が生きるための歌

『一番好きで大嫌いな音』作詞：過心杏　作曲：秋田雄太

毛玉だらけのぬいぐるみだけが友達だった一九歳を、もう一度生きるために歌ってみたいという気持ちにさせた、注文に時間がかかるカフェをもっと知りたいと率直に思った。

多様性などと、知ったようなつもりで書いてきたが、私は何も知らなかった。大好きな歌うことさえできなくなった出口の見えない歳月の重さも、一〇歳の夢に蓋をして工場で働いた二〇歳の夏の葛藤も、本当は自分のすぐそばでたくさんの言葉を言い換えて話しているかもしれない人の存在も。

奥村さんの言葉に呼吸を合わすように耳を澄ませ会話をした昼間、傾聴から生まれる沈黙の心地よさを印象深く思った。

そうか、相手を待てないから自分の話し方が嫌いだったのだと気づいた。それは、心のない相槌の、何倍も満たされる新しい時間だった。

しかし、上映後に壇上で奥村さんがサラリと触れた書名が、私のにわかに沸騰した頭を一瞬で冷やす。

司会者の「転機になった出来事はありますか」という質問の流れで、出てきた。

「私は母によると、二歳のころから吃音の症状が出ていたらしいのですが、自覚したのは小学二年の秋でした。お友達のお母さんから〝うつる〟と言われて。そのころ、吃音は意識しなければ自然に治るものと考えられていたので、家族は私の吃音に一切触れなかったのです。私はなんの情報もなく、家庭で触れないのは吃音が悪いものだからだと思うようになり、それ以降はなんでこういう話し方なんだろうと自己嫌悪が大きくなるいっぽうでした」

「吃音当事者にとって、とくに思春期のころは孤独感もあり、つらいとお聞きしますが」

「はい。注カフェでも、ほとんどの子が〝中学生のころがいちばんきつかった〟と言います。私も、誰にも吃音のことを話せず、誰とも会話できず、孤独感に苛まれ、高校二年のときは死んでしまいたいと思いました。そのころ北條民雄の『いのちの初夜』を読んで、吃音の自分を受け入れようと決め、それが転機になりました」

トークは進み、再び愛読書に触れられることはなかった。だが、私にはその書名が、胸をえぐられるような強烈な違和感として残った。

まだ戦争さえ始まっていない一九三六（昭和一一）年、ハンセン病患者として療養施設に隔離された著者の自伝的小説を、一七歳の彼女がなぜ。一九九二（平成四）年生まれの彼女は、私の長男の三歳上なので記憶が鮮明だ。ＫＰＯＰのガールズグループが日本でもブームを巻き起こし、Ｈ＆Ｍなど外資のファストファッションが進出、行列を作っていた。

それらの世相からあまりにかけ離れたハンセン病という言葉の距離感に、息を呑む。

北條民雄は一九歳で療養所に半ば強制的に入院。傑作『いのちの初夜』を世に出した翌年、二三歳で夭逝している。ハンセン病に対する差別や偏見により、親族が本名・七條晃司を公表したのは没後七七年経ってからである。

奥村さんはどんな思いで、なぜこの本を手に取ったのだろう。そして吃音をどう受け入れられるようになったのか。

彼女自身のことを掘り下げたとき、注カフェの本質が見えてくるのではと思った。

吃音は幼少期に自然に治るケースが多い。

だが、仮に。一億二千万の人口の一%が、思春期に死にたいと思ったことがあるとすれば、この本のテーマは、命だ。生を投げ出そうとした女性が、自己と利他の両方の充実のために命を燃やしている。

自分だけが幸せなわけでも、旧来のような自分を犠牲にして一方的に誰かのために尽くすわけでもない。若者ほど、集団をまとめるのは難儀だ。簡単にＳＮＳの連絡を断つことや、匿名で批判することが容易な環境で育っている。

さまざまなリスクをひとつひとつ解決しながら楽しみながら、みなで命の充実を求める。

遅くても間違ってもいいという世間とは真反対のメッセージで、吃音啓発を通して、多様性のありかたをたったひとりで問い始めた彼女の生き方から、私や私達や社会が学べるものは、きっと大きい。

相手をひたすら待つ、言葉を巡る旅が始まった。

一章　慣れない体

注文に時間がかかるカフェ（以下、注カフェ）は、ネーミングから想像するしくみとはだいぶ違った。

まず金を取らない。原則としてドリンク、フードは無料だ。

また、どこかに決まった店舗があるわけではない。大学、施設、商店街の一角、個人経営のカフェやイベント会場。どこへでも出張し、一日限定カフェを開店する。

「やらせてください」と注カフェ側から頼むのではなく、吃音を持つ若者には接客という経験を通して自信を、来場者には交流を通して吃音についての理解を、という注カフェの目的に賛同した個人や団体からの依頼によって、カフェごとにプロジェクトが立ち上がる。つまり、主催者は招聘側だ。注カフェは、奥村さんが発起人を務める活動名であり、NPOでも会社でもないのである。

このシステムの全容を理解するのに、意外に時間がかかった。

客は、誰でも参加できるが、人数に上限がある。開催地もぎりぎりにならないと告知されない。奥村安莉沙さんは理由を語る。

「利益を上げるためのものではなく、主役は接客をする吃音の高校生や大学生です。ゆっくり接客できるようお客さんは予約制が基本で、一時間一〇名を目安にしています。早くから告知をして人が殺到すると、スタッフにも、来ていただいた方にも迷惑がかかり、いちばん大事な接客体験が十分にできないので、お知らせもギリギリなのです」

主催者が負担するのは、おもにドリンクなどの実費、会場費、奥村さんの人件費・交通費・宿泊費である。個人、団体問わず誰でも主催でき、前述のようにこれまで全国の大学、個人経営の飲食店や書店やピアノ教室、福祉施設、駅前マルシェやイベント会社主催のイベントなどで開催されてきた。

かつて奥村さんが住んでいた東京都世田谷区のシェアハウスから始まり、大阪、兵庫、徳島、北海道など二年半で三五回を超える。募集から開催までは約三カ月。しくみの細部が見えてくるにつれ、SNSを駆使した進行とアフターフォロー作業の無駄のなさ、効率のよさに気づく。奥村さんの使うコミュニケーションツールが、現代の高校生・大学生のライフスタイルにフィットしているためだ。それは、彼女自身が吃音当事者であることと無縁ではない。

たとえば、注カフェスタッフは、開催地ごとに、ツイッター（現エックス）とインスタグラムと公式HPで募集する。会場の大小にかかわらず、四名が標準。来客は一時間一〇名で計四〇名。実際は予約になかった同伴者などもいるので、約五〇名に。二〇二一年八月の開催以降、行く先々で数多くのマスコミがとりあげたこともあり、テレビや新聞、ニュース動画によって、吃音当事者や関係者の界隈では早くから知られていた。よって、地域によっては参加希望者が多く、メンバーになれない場合もある。

選考は、ひとりひとり奥村さんがオンラインで面接をし、動機や現況を詳しく聞き取り、適性やメンバーのバランスを考慮する。

「吃音のある若者は、当事者同士の繋がりがなく、ひとりで悩んでいることが多いので、できるだけ近隣の人から選考したいと考えています」（奥村さん）

事前ミーティングは、例外をのぞきすべてオンラインなので、スタッフがじかに対面するのは当日になる。奥村さんともそのときが初対面だが、応募時から何度も画面上で会話をしているため、若者の緊張はだいぶ緩和されている。

これが開店二時間もすると、さらにリラックスして笑顔が増え、疑似家族のようにあうんの呼吸になる。一八時の片付けでは、「あー、やっぱり注カフェっていいなあ、ねえ奥村さん！　僕はスタッフをやるのが二度目だけど、全く飽きません。毎回、やってよかったなあってすごい達成感がある」と、高二の男子がにこにこしながら語りかけていた。

開催後は、必ずカフェスタッフから無記名で〈直したらいいなと思うこと、気になったことなど、何でも書いてください〉と、アンケートを集める。グーグルの機能を使い、誰が書いたか奥村さんにはわからない。

「ここで改善点や本音を回収できるので、すごく貴重なんです。ネイルはやめたほうがいいとか、サンダルは動きづらいという現場の声から、だんだんマニュア

ルが補強されていきました」（奥村さん）

全員のフォローアップミーティングも、カフェ終了の一〇日後ころにオンラインで。スタッフには、必要に応じて意図的にOBやOGを交ぜることもある。

ひとりで始めた奥村さんにとって、アンケートは効率的で重要なツールだ。

準備段階の面談後にも、意向を聞く詳細なアンケートをメールでやりとりする。

〈不安や懸念点を相談できるか〉

問題なくできる・懸念、不安要素あり・できない

〈お客さまへの接客〉

主体的に行いたい・お手伝い程度ならやりたい・やりたいけど懸念点あり・あまりやりたくない・やらない

〈活動について不安や懸念点があれば教えてください〉

〈具体的な要望やサポートしてほしいことがあれば教えてください〉

私が傍聴したオンラインミーティングの自己紹介の場面で、奥村さんが「（言葉につまったとき）相手に先読みして話してほしいタイプですか？　時間がかかっても待ってほしいタイプですか」と最初に尋ねているのを、何度か見た。若者

はホッとした表情で、「僕は待ってほしいです」「先読みしてもらっていいです」など、それぞれ答えていた。以来私も、吃音当事者への取材時にあらかじめその質問をなげかけるようになった。

プロジェクトごとに作られるライングループとは別に、注カフェ経験者なら誰でも入れる全員のライングループもある。ここで全国の仲間と交流したり、近所の仲間でオフ会をしたりと、新しい交流が生まれている。

取材を重ねたころ、彼女がこう漏らしたことがある。

「きのうは夜中の二時まで、注カフェの子の相談に乗っていました」

友達とも先輩とも先生とも違う奥村さんに、どんな相談を？

「進路や将来のこととか、今通っている学校のこととか。親とか。とくに受験前や進級進学で不安定になる春は増えて、毎晩のようにお悩み相談が来るんですよ」

目の下にクマを作りながら、肩をすくめた。

「だから一枝さん、お願いがあります。私のこと、本に書くとき絶対に〝忙しい〟って書かないでください」

答えにつまった。取材依頼の対応、進行中の注カフェのミーティング、準備中の注カフェ、主催者とのやり取り、アフターフォローのミーティング、活動サポーター[※1]への返礼の対応、講演。そばで見ているだけでも彼女の二四時間が破綻しかけていることがありありと伝わってきていた。

――嘘は書けないのだけど。どうしてですか。

「私まで〝忙しい〟ってはねのけたら、あの子達の逃げ場がなくなってしまうから。みんな気を遣って、〝忙しいですよね〟って言うんです。私は自分がどんな状態でも、必ず〝ううん暇だよ〟って返すようにしてるんで」

本書の取材を通して痛感した。今の高大生たちはこちらが申し訳なくなるほど空気を読む。相手の事情を慮る。吃音当事者だからその場の空気や相手の気持ちを察するのに長けているのか、現代の若者の特性なのか。おそらくその両方だろう。

この子達は、悩みがあってもそう簡単に人には甘えないだろうと想像がついた。「暇だよ」という言葉に安堵して、初めて心を開く子も多いだろう。

残念ながらお願いは守れない。ありのままを記さねばならない。吃音の若者が置かれている現実も、注カフェの課題も、奥村さんの心の奥も。

自分の言葉に今も慣れない

仙台駅は、国内外の旅行客があふれ、活気に満ちていた。二日後に新型コロナが五類に移行する。立ち飲みの寿司屋の大将が、「きのうはこのカウンター全員、外人さんでした」と満面の笑みだった。「そりゃあ忙しかったけど、この二年半の暇を思えば、ね。嬉しい悲鳴ですよ」

ホテルのラウンジに現れた過心《すぐる》杏《このん》さん（一九歳）は、艶のある黒髪と、澄んだ大きな瞳が印象的な女性だった。落ち着いた口調で、年齢より二、三歳上に見える。寿司屋の話をすると、「ふふ、最近そうなんですよ。もうすごい人出で」と。今は、ラ行とナ行が出にくいと言うが、やはり巧みに言い換えをしているせいか、吃音はわからない。

――「今は」というのは、症状が変わるんでしょうか。

「私は難発（音が出にくい）と連発（同じ音を繰り返す）がありますが、吃音ってひとことでこういう症状なんです、と説明できないんです。一〇〇人いたら一〇〇通りの症状があるから。子どものころはもっと吃音が重かった。でも、ラ行とナ行はスラスラ言えたのです。今はその逆で、この二行が言えない。私の場合、天気でも変わります。大雨や大雪だとひどくなる。不思議と思われるかもですが、地震が近いときも出るんですよ。で、地震がきてあとからわかるんです。あ、だから吃音が出たんだーって。東日本大震災のときもそうでした」

吃音の症状は千差万別だ。緊張すると出る人、逆にリラックスしたときに出る人。心杏さんのように昔言えた言葉が今は出にくいというケースもある。一般的に、歌っているときは出ないという人が多い。奥村さんは、「カフェインを飲むと吃音が出やすいのを、成人してから気づいた」と語っていた。吃音のために就職試験の面談で落とされ続けた。その際、コーヒーを飲んだあとに面談に臨むと、どうやら吃音が出やすい。エビデンスは不明だが、彼女の場合は麦茶や水は、発話に変化がないという。

多くの人が一日、一週間、季節、あるいは年単位のリズムで、出るときと出ないときの波がある。

心杏さんは言う。

「なぜ言いやすかったり言いにくかったりするのか理由もわからないし、治療法も確立されていない。子どものころは症状があったけれど自然に治ったという人もたくさんいます。吃音は、わかっていないことがいまだにたくさんあるんですね。だから、いまだに吃音の癖が読めず、自分の話し言葉に慣れません」

自分の発音の変化に、一九年生きてきても慣れないとは、どれほどの負荷か。コントロールの利かない部分が体の中にありながら、人には苦労が見えないというストレスは。

心杏さんは、注カフェ第一回（二〇二一年八月）のスタッフである。

会社員だった奥村さんが、以前住んでいた世田谷区駒沢のシェアハウスで、試験的に開催した。仕事の傍ら休日に、吃音研究者のオンラインコミュニティの運営や、海外の最新治療情報の翻訳、吃音当事者の悩みをアンケート集計しメディアに働きかけるなど、吃音の啓発活動に取り組んでいた。注カフェはその中のひとつだが、こちらはカフェをやってみたいという個人的な夢実現の意識のほうが強かったと振り返る。「働きながら年に一回できたらいいな」と思っていたころのことだ。

心杏さんは、高校三年の四月、奥村さんのツイッターでスタッフ募集の告知を見つけ、すぐさま応募した。

「小四のころ、〝なんでそういう話し方なの〟と言われいじめに遭い、中学の一年と二年はほとんど登校していません。高校は私立の通信制です。進路を考え始めたころ、注カフェを知りました。これまで何をするにもつねに、吃音に対する不安がありました。進路問題と向き合うことで初めて、吃音と向き合わねば、と思いたちました。自分の吃音を、前向きにとらえられるなにかをやってみたかった。注カフェの吃音の学生を対象にした接客体験プログラムは、これだ！と。ものすごく心惹かれました」

募集ツイートには、〈首都圏在住の高校生以上の学生〉と書かれている。だめでもいい。とりあえず想いを伝えてみようと、なにかに突き動かされるようにして動機を綴り、両親にも相談。許可を得た上で送信した。

メールを読んだ奥村さんは、断ろうと決めていた。――コロナ禍だし、仙台の子だし。いつか東北で開催する、またの機会に応募してもらおう。

心杏さんとの最初のオンライン面談を、奥村さんは鮮明に覚えている。

「申し訳ないけど今回はごめんなさい、と言うつもりだったのに、話したら断れなくなっちゃった。自分に似ていたからです。吃音でいじめられたこと、学校に行きたくなかったこと。幼いころから合唱団をやっていて歌うことが大好きだった。夢はミュージカルスター。けど、唯一の救いである大好きな音楽もできない。私はどうしたらいいんでしょうと泣きそうな表情の彼女を見て、ああ、あのときの私と同じ。放っておけないと思いました」

ぬいぐるみ相手にしか話してこなかった体験を、奥村さんにとつとつと話す。言葉は少なく、自信を失っているのが手に取るようにわかった。

その場で採用となり、おってメールも届いた。

〈今回の経験が、過様《すぐる》にとって実りのあるものになるよう全力でサポートいたします。　奥村安莉沙〉

ミュージカルスターという夢を幼いころから秘めていた心杏さんは、まさか一年後、映画の主題歌を歌うとは夢にも思っていない。仙台の街を桜が彩り始めた、のどかな春の一夜だった。

教師の理解度

心杏さんの母親は、彼女が二歳のころから気になっていたらしいが、歌が大好きで、歌っているときは吃音が出ない。三歳児健診でも相談したが、異常なしと言われた。波があるために、吃音が出ないときに診断を受けるとそうなりやすい。四歳から幼児の話し方教室に、七歳から小学生向けの言葉の教室に通う。

しかし、「心杏ちゃんは症状が軽いから」と言われ、特別な訓練やケアはほとんどなかった。教室では「学校のお勉強をやっていればいいのよ」と言われ、七歳ながらに「通う意味があるのかと疑問を感じ、半年も経たずにやめました」(心杏さん)。

発達性言語障害と認定されたのは小四だ。すでにいじめがエスカレートしていた。心杏さんの生まれた翌年、発達障害者支援法が制定され、吃音は発達性言語障害のひとつに定められている。法律上は教育現場でも特別な配慮を求めやすい環境が整っているはずだが、現実は十分に周知されていない。（後述五章）

「子どもって、純粋で残酷なんですよね。幼稚園のときから〝なんで、そんな変な話し方なの？〟ってしょっちゅう聞かれました」

友達に返す言葉はいつも決まっている。

「私にもわかんない」

認定された小四のとき「こういう障害なんだよ」と言ったが、やはり聞かれる。

「なんで？」「何が原因？」

吃音は目に見えないので、知識のない幼い子どもにはとくに理解や共感が難しい。

吃音当事者の医師・九州大学病院耳鼻咽喉・頭頸部外科の菊池良和氏は、著書『吃音のことがよくわかる本』で、吃音には、からかいやいじめが起きやすくなるリスクがある。からかいを放置しておくと深刻ないじめへ、さらには人前に出ることに強い不安を感じる社交不安障害という疾患をも発症するおそれがあると、警鐘を鳴らしている。

吃音は、幼稚園や小学校の早い段階から、周囲の適切な対応が必要である。そのためには担任教師の理解と協力が不可欠だ。

同書には、『吃音（どもること）についてのお願い』と題して、保護者から担任教師に渡す説明書のフォーマット文〈学校用〉〈幼稚園・保育園用〉が記載されている。

同書の発売は二〇一五年。しかし本書の取材では、奥村さん以外知っている吃音当事者はいなかった。「吃音ドクターという方は、聞いたことがある」という程度だ。大学一年の吃音当事者の母親に伝えたとき、すかさずメモをし、「あの子のときに、こういう本があったら」と呟いていた。

添えられた教師への文章が非常にわかりやすく、教育現場以外でも理解の手助けになる項目ばかりなので、〈学校用〉の一部を抜粋する。

●吃音、吃音症とは

2〜4歳の20人に1人（5％）の割合で発症し、思春期・成人になっても一〇〇人に1人（1％）に存在しています。治療法はまだ確立されていませんが、吃音へのからかい、いじめなどがなければ、年齢を重ねるに連れ自然に軽くなります。

●知っておいていただきたいこと

精神的な弱さが原因と誤解されがちですが、気合、努力で治るものではありません。

ふだんの会話がスムーズでも、授業中に指名されたときにすぐに声が出なかったり、声が小さくなったりしがちです。

●苦手な場面

自己紹介、本読み、発表、号令、日直など。

●得意な場面

話したいことを話せるとき、ふたり以上で声を合わせるとき、歌を歌うときなど。

●先生にお願いしたいこと

1、話し方をまねされたり、笑われたり、「なんでそんな話し方なのか」と聞かれると、非常に困惑します。からかいはやめさせてください。

2、話すのに時間がかかっても待っていてください。答えがわからない、発言したくないわけではありません、努力しても声が出ない状態だと理解してください。

3、「ゆっくり」「落ち着いて」「深呼吸しよう」などという話し方のアドバイスをしないでください。効果がなく、逆にプレッシャーになります。

4、苦手な場面については、本人の希望に沿ってご対応ください。

『吃音のことがよくわかる本』菊池良和著（講談社）[※2]

からかいをやめさせるときの言葉がけの例も、記されている。

フォーマットの文末には〈先生の一言には非常に効果があり、子どもは助かります。ご協力よろしくお願い致します〉の言葉が。

注カフェ香川で取材をした兵庫の高校二年女性、注カフェ奈良の大学二年男性も社交不安障害を抱えていた。以前は対人恐怖症、あがり症と呼ばれ、人口の一〇%に見られるという非常に多い疾患だ。菊池氏（前述）によると、吃音当事者は社交不安障害を発症するリスクが四倍に上昇するという。[※3]

社交不安は会合や人の集まりへの参加、店頭での買い物や外食、電車や人混みに行けなくなる可能性が高まり、同氏は「吃音の最大のリスク」[※4]と指摘する。

心杏さんは、小学校時代を述懐する。

「四年の国語の授業で、一行ずつ順番に読んでいくことになったのです。ところがどうしても出にくい言葉があって私は言葉につまってしまった。みんながだんだんイライラ、ざわざわしだすのだけれど、先生は〝最後までちゃんと読みなさい〟と言い、ひたすら待たれた。みんなに〝過さんは、吃音という言葉が出にくい障害なので〟と、説明してもらえたほうが私は救われました。吃音の子は、周囲のケアも大切なのです。でないとお互いに傷つけあってしまう」

逆に、吃音を公にされたくない子もいる。吃音のある子が望む対応はひとりひとり違う。それぞれ望む対応を適切に把握することが肝要だ。

たとえば、音読の場面でも次のような工夫が考えられる、と心杏さん。

自分は飛ばしてもらう、少し頑張って無理そうなら飛ばしてもらう、読み終わるまで待ってもらう。リズムや節があると言いやすい場合があるので隣の席の子と一緒に読む。先生と一緒に読む。

「こういう選択肢を当時わかっていれば、先生も私も周囲の子たちも、もっと楽だったんじゃないかなと思います」

やがて、教師に隠れて筆箱が捨てられたり、靴にゴミがつめられたりするようになった。

「自分から、〝言葉が出なかったりつまったりすることがあるけど話を待ってほしい〟とか、〝からかわれると悲しい〟とか。周りの子には個人的に伝えていましたが、集団の全員に向けて吃音について自ら何か言うという選択肢はなかった。目に見えないし、障害だから触れるのはタブーという意識が自分の中にもありました」

自分から言い出せなくても、教師なら言えることがある。

そんななか、唯一自分らしくいられる場が、小二から入った地元の少年少女合唱団だった。歌のリズムに乗せると、つかえない。

臨床の現場では、吃音を減らす方法のひとつに、メトロノームに合わせて話す、階段を一段一段リズムよく降りながら話す、話す前にトントンと机や膝を軽く叩き、リズムに乗せて話し出すなどの工夫が知られている。『どもる体』（伊藤亜紗著）には、NHK・Eテレ（一六年一一月放送）の番組収録中に起きた「不思議な」出来事をとりあげている。
質問をされた吃音当事者が、一〇秒弱にわたり、吃音症状が出て言葉につまっていた。と、同じく吃音当事者である落語家が「タン・タン・タン」と規則的に舌で拍子をとり始めた。すると、タン・タンに合わせて「なか・なか・こと・ばが・出に・くい・けれ・ど」と、二語ずつすらすら話しだしたという。[※5]
吃音当事者でもある伊藤氏は、リズムが運動のたやすさや言葉の言いやすさをもたらす理由は複合的なものと考えられるが、核には反復がもたらす安定があると綴る。[※6]
心杏さんにとって、「歌のリズムがあれば私は大丈夫」という安心感は大きかった。年一〇回の公演があり、被災地や高齢者施設で披露する機会も多い。また、合唱団は小一から中三までの異年齢集団で、吃音でからかわれることが一度もなかった。目上の中学生らの誰に対しても寛容な姿勢が、伝統的に後輩たちにも受け継がれていた。
「合唱団のおかげで、音楽というやっとこれだと思うものに出会えた。ここでミュージカルスターという夢も芽生えた。あそこには楽しい思い出しかありません」

ところが、父の転勤のため小六で卒団を余儀なくされる。OGとして時々参加しようと思っているさなか、コロナ禍で合唱団の活動自体が停止に。

友達のいない中学に進学。

まもなく、起立性調節障害で朝起きられなくなった。

「言い終わるまで待ってください」

通信制高校三年の春、一念発起して注カフェに応募したのは前述の通りだ。

しかし、いざ「スタッフに決まりました」という知らせが届くと、次第に喜びより不安がつのっていった。

注カフェ開催前夜のオンライン打ち合わせで、思い切って打ち明けた。

「本当に大丈夫でしょうか。自信がなくなってきたのだけど、私にやれるでしょうか」

　軽く返された。

「店頭で吃音について説明して理解してもらった人だけ入店するから、心杏さんを傷つける人は誰も来ないよ、大丈夫」

　言い切られてびっくりした。

「私、生まれて初めて知り合った吃音者が、奥村さんなんです。その吃音当事者に、きっぱり大丈夫って言われたのが衝撃でした」

　どんなに親身に言われても、吃音当事者でない人からの「大丈夫」は、「当事者じゃないもんな」と、心の荷が軽くなるまでにはならない。

「比べるものではないけど、奥村さんは私なんかよりずっと壮絶な体験をしている。その人が大丈夫って言ってくれるなら、私も大丈夫だって思えました」

　二〇二一年八月二一日土曜日。

　奥村さんが以前住んでいた東京都世田谷区駒沢のシェアハウスで、第一回注カフェが開かれた。外国人の住人も多く、古くから国際交流やイベントが盛んで、奥村さん自身、得意の茶道や浴衣の着付けなどを企画しては楽しんでいた場所だ。

「ぶっつけ本番。全員その日会うのが初めての子ばかりで最初は緊張しました」

と、心杏さんは振り返る。

すでに奥村さんが声をかけた新聞社とインターネットテレビ局の取材が待ち構えていた。

こう話さなければならないというマニュアルはない。つまっても、どもっても、言葉が出なくても、どんなに時間がかかってもいい。なぜなら、注文に時間がかかっていいカフェなのだから。カフェスタッフはツイッターで募集したが、客は住人やその友達、近所の人を集めた。

カウンターでドリンクを注文される前に、A4サイズのパネルを見せながら、自分の言いやすい言葉で吃音について説明をする。そこにはイラスト付きで、次のように書かれている。

注文に時間がかかるカフェのスタッフは全員吃音者です。
対応方法は人それぞれですが一般的なものを紹介します。
吃音（きつおん）は話し言葉がなめらかにでない発話障害のひとつです。

遮ったり、推測して代わりに言ったりせずに言い終わるまで待ってください。

緊張しているからどもっているわけではないので、「リラックスして」「ゆっくり話せばいいよ」とアドバイスしないでください。


吃音でも一生懸命話しています。

話し方を真似したりからかわないでください。

言葉がうまくでませんが、他の人と同じように接してもらうと嬉しいです。

（参考　国立障害者リハビリテーションセンター
言語療法士 Devin Fisher）

心杏さんは、同世代の吃音当事者と仲良くなれたことがとりわけ嬉しかった。

「テレビやメディアでは、吃音の症状が重い人しか出なくて、見ているとつらくなるから、当事者同士で会うというのは怖いなと思っていました。だからずっと孤独だった。でも注カフェは、吃音だからこそ出会えた人たち。誰にも言ってなかったミュージカルスターの夢も、だから言えたし、自分が思ってたよりずっとすんなり、みんな〝いいね！〟って言ってくれて。たった一本メールを送っただけなのに、ものすごい人生観や価値観が変わりました。帰りの新幹線では〝絶対東北に注カフェ持ってこなきゃ！って、心に誓ってました」

本書で取材した注カフェ経験者のほぼ全員に、共通した感想があった。

「自分以外の吃音当事者に、出会えたことがよかった」

そう聞くたび、一〇〇人にひとりという数字を、心のなかで反芻する。「同じ学校（または塾・習い事）で、おそらく吃音じゃないかなと思う子はいたけれど、直接話したことはない」という声もよく聞かれた。奥村さんの母、千鶴さん（五九歳）は、娘が注カフェの活動でメディアに出るまで、親戚の誰にも言わなかったと取材で語った。

確率的には、心杏さんにも私にも、たとえば本書読者のまわりの学校や職場や親戚にもきっと、ひとりふたりいる計算になろう。ちなみに、明治安田生命が契約者六五五万人を対象にした調査によると、「田中」という姓は、占率一・〇六％で一〇〇人にひとりおり、全国四位だという。[※7]田中さんという苗字と同じ割合なのに、みな注カフェをやるまで出会ったことがないと口を揃える。それは、いかに孤独を抱え込んでいる吃音当事者が多いかという証左でもある。

注カフェ香川の運営スタッフのひとり、注文に時間がかかるカフェさぬき実行委員会の男性（五〇代）が、奥村さんをこう評していた。

「おそらく彼女は、若い吃音当事者同士の交流の場を作り、当事者が世間に向けてカミングアウトしやすくした日本で最初の人です。僕らが参加してきた古くからある団体などの組織は高齢化が進み、若者はなかなか入りたがらないので」

心杏さんは、奥村さんからOGスタッフとして乞われ一年後、神奈川県川崎市の注カフェにも参加した。

その打ち合わせのオンラインで、奥村さんから予想外の相談を持ちかけられた。

「いつか人前で歌ってみたいって言ってたよね。注カフェが終わったあと、ビルの屋上で心杏さんのライブやってみたら？」

驚きすぎて言葉が出なかった。

――奥村さん、私の歌を一度も聴いたことがないのになんで？

完璧のリミッターを外す

透明なソプラノの、すずやかな響き。初夏の一陣の風のような。と同時に、しっとり優しくすべての悩みを包み込んでくれるような。誰もの心をほぐすなんらかの力が、彼女の歌声には宿っていると思えてならない。

同時進行でドキュメンタリー映画を作り始めていたこともあり、奥村さんは屋上ライブも撮影することを思いつく。心杏さんは、「主題歌もどうかな」という提案に、「ぜひやりたいです」と今度は二つ返事だった。

しかし、彼女の唯一無二の歌声を、奥村さんはライブ撮影日のリハまで一度も聴いたことがなかったという。

なぜ、心杏さんに打診したのか。

「自信になるなら、プロのように完璧でなくてもいい。吃音当事者は、今までたくさんのことを諦めてきた人たち。仮に失敗したとしても、挑戦することに意味があると思っています」

ひとりで始めた注カフェも、誰からもクレームの出ない完璧な啓発イベントを、などと気負っていたらとても始められなかったと振り返る。

まずはやってみる。プロセスが大事で、挑戦したことが自信になる。だから、「こういう言い方は乱暴かもしれませんが、全力で楽しんだのなら、結果はどんなでもいいんです」。

心杏さん自身も、長い間その一歩が踏み出せなかったと語る。〝きちんと完璧であらねば〟という思いこみが、リミッターになっていたからだ。

映画は、クラウドファンディングで集めた金や個人からの寄付で、吃音啓発と、今吃音で悩んでいる若者を応援する目的で製作した。

この作品のロゴは、小学校五年の長岡桔平君がデザインしている。彼は、吃音のある小学生が手作りの品物を並べる注カフェマルシェに、売り手として参加していた。これは、工作好きの別の小学生が「自分の作ったものを出す店をやりたい」と言ったのをきっかけに、奥村さんが企画したものである。ツイッターで声をかけ、事前予約の家族連れら三〇人を相手に、駒沢のシェアハウスで開催した。料金のかわりに「がんばったねシール」にした。シールは後で金貨チョコに交換できる。そこで四コマ漫画を「売って」いたのが長岡君だ。絵やデザインが好きで、将来は漫画家になりたいと夢を語っていた。

奥村さんは数日後、「これやってみない？」と、映画のロゴマークに使うイラストを発注した。報酬は作品のＤＶＤとポスターで交渉成立。

長岡君は、吃音を気にせず話ができる世の中になることを願い、みんなが笑顔になるようなイラストをイメージ。砂時計をあしらった素朴なコップのイラストをすぐ描きあげた。奥村さんは「ゆるやかで、ちょっと肩の力が抜けた感じ」に惹かれ、迷わず採用。カフェらしいおしゃれなマークが完成した。私は教えられるまで、小学生の作品とは気づかなかった。

ちなみに、注文に時間がかかるカフェのシンボルマークも、砂時計をモチーフにしている。これは奥村さんのデザインである。イラストの砂時計の中に「注文に時間がかかるカフェ」という文字をランダムにレイアウト。文字を砂に見立て、言葉が降り積もっているイメージだ。「時」という漢字がやや大きいのは、こだわりである。

「ふつう、カフェの注文はスピーディーであることが条件ですよね。でも、私たちはゆっくりしか話せないし、つまってしまう。つまり、求められても希望に添えない。それならあえて、それを店名にしよう。それなら最初から急いでいる人は来ないはず」という発想から店名は生まれた。

砂時計のくびれた部分に文字が引っかかっているのは、「私が吃音で声が出なくなったときのイメージです」。

ロゴマークやネーミング、ウェブサイトなど、全体のビジュアルイメージは、国内外五つの個人や団体の活動から影響を受けている。

心杏さんのその後に話を戻そう。

「心杏さんとは、第一回注カフェの一年後、川崎でOGスタッフとして再会しました。それが、同じ人かと思うほど明るくハキハキと、〝○○君はどう思う？〟と意見を聞いたり、リーダーシップを取ったりしていて、本当に驚きました。初回のときは、促されたら答えるという控えめな感じだったので。ああ、注カフェは、人をこんなに成長させるんだなと、はっきりわかった。彼女は、その変化によって注カフェという試みの手応えを明確に実感できた、最初の人です」（奥村さん）

注カフェの立ち上げから終了まで、参加者が奥村さんと会うのは当日の一度きりだ。あとはオンラインでの打ち合わせになる。画面越しに感じる成長と、実際の対面から得られる気づきには雲泥の差がある。

その晩の、心杏さんのライブの誇りに満ちた表情は、私も映画で知っている。きらきらと神々しささえ感じられたのは、月明かりとライトのせいだけではあるまい。

二〇二三年四月。

仙台の飲食店で、東北地区初の注カフェが開かれた。開催を呼びかけたのは心杏さんである。彼女は、初期の第一回との大きな変化を実感した。

「取材の規模が違いました。一回目はアベプラ（アベマプライム）とユーチューブとネットの新聞だけ。一年八カ月後の仙台ではいきなりテレビ各局のニュースだった。ありがたいことに地元の新聞、ウェブメディアも多数。スタッフ同士のその後の交流も盛んになっていました。明らかに注カフェという活動が大きくなっていると実感しましたね」

仙台では、心杏さん自身も種々のインタビューを受けた。その過程で、メディアに対して疑問を感じることもなくはない。

「テレビやメディアの人は症状の重い人を探そうとするし、つらい部分を強調する傾向はありますね。子ども時代はどんなことがつらかったかと毎回聞かれます。大丈夫でしたよと言ったら嘘になる。こう言うのはあれですけど、吃音当事者はつらいことって絶対あるんです。でもそんなに簡単に話せるもんじゃないんですよね……」

　つらいことはたしかにあったが、それがあったからこそ今がある。現在地はここです、と話してもカットされている。

　また、症状が重いからつらい、軽いからつらくないというのも間違っている。

「軽いからこそわかってもらえない苦しさもあります。症状とつらさは、比例しないんです」

　奥村さんは、一〇〇人いれば一〇〇通り吃音の症状が異なり、本人が〝察してほしいこと〟にも違いがあることに、早くから着目していた。そこで注カフェスタッフは自分のマスクに、来客へのメッセージを書く。

〈話すのは苦手だけれど、しゃべるのは好きなので気軽に話しかけてください〉

〈どもっても言葉が出てくるまで待っていてください〉

〈笑顔で話しかけてくれると嬉しいです〉

〈最後まで聞いてください〉……etc.

言葉でいちいち説明するのは負担だが、マスクなら全員にすぐわかってもらえる。

それらは、「吃音というラベルで、ひと括りにしないでほしい」というメッセージの表れでもある。このアイデアは初回注カフェ準備中に、「吃音について説明するパネルに、〝最後まで話を聞いてほしい〟ってあるけど、私は推測して代わりに言ってほしいです」というスタッフのつぶやきから生まれた。

コロナ禍で始まった注カフェは、ユニークなアイデアで、感染予防グッズさえ味方につけて走り出したのである。ズームの打ち合わせもそのひとつであろう。

ややもすればインタビューされる側が時折困惑しがちなマスコミに対しても、奥村さんは「大歓迎で、ありがたいこと」と姿勢が一貫している。その根幹には〝吃音を知らない人への理解を〟という注カフェのコンセプトがある。というのも――。

「個人的な印象ですが、今まで吃音の問題は吃音者にしかわからないという閉鎖的な捉えかたをされる傾向が強かったように思います。まるで、吃音に関する問題は、当事者内で解決しないといけないかのような……。たとえば、周囲の臨床家や研究者も、吃音当事者がほとんどです。私は、吃音のない人も巻きこむことで、認知を広げたい。そのために、注カフェは誰でも参加できる気軽な雰囲気をこころがけていますし、どんどん吃音について外に発信してくれているメディアの力を信じています。取り上げてもらって初めて理解が広がります。注カフェを応援するサポーターも、テレビやユーチューブを見て確実に支援の輪が広がっている。メディアの協力が活動の未来を左右する。だからこそ、そことの関係作りを非常に大切に考えています」

すべての接客スタッフは地域、期間、媒体を問わず、撮影の掲載同意書を交わしている。また来客にも事前に許可をもらう。注カフェそのものの運営はもちろん、マスコミ対応も含め、効率的で枠にとらわれない柔らかな新しさを感じる。

心杏さんも、「どういう形であれ、とりあげてもらうことはなによりありがたいです。吃音の啓発につながるので」と、自身の取材経験を総括する。

別れ際、第一回の注カフェから携わっている心杏さんに、奥村さんとはどんな人か尋ねた。

「孤独な時間が長かったので、人間観察は得意なんですが、奥村さんだけは何を考えているのかわからない。アイデアがどんどん湧き出る宇宙人。あの人の作る世界はおもしろい。これからどんなことをやりたいんですかと聞いたら、〝うーん何だろ。やりたいことある？〟って逆に聞かれちゃいました」

そして、彼女は思い出したようにこう付け加えた。

「私はずっと人の顔色をうかがって生きてきたけれど、奥村さんはその必要がない。年上なんだけど緊張しない。どんなに重い相談をしても、サラッと拍子抜けするほど、いい意味で軽く返してくれる。そのくせ次々おもしろくて大胆な発想をする。あんな不思議な大人の人、初めてです。友達でも上司でもない。時々、社交不安や不登校の子についての接し方を奥村さんから相談されることもあります。心地良い関係。……あ、これ合唱団の仲間との関係と同じですネ」

二章　変わる若者たち

兵庫県在住、現在大学一年の渡邉隆人さんは高三の去年、注カフェ大阪に参加した。吃音の症状としては重度にあたり、難発によって一語目が出にくいため、会話のほとんどをｉＰａｄによる筆談でこなす。注カフェの際も、ｉＰａｄを小脇に抱え、特技の高速タイピングで、来客と円滑にコミュニケーションをとった。

彼は今、スターバックスでバイトをしている。本人曰く「おそらく日本のスターバックススタッフで、吃音者は僕が第一号です」。

注カフェを体験していなかったらスタバで働くことも絶対なかったと言う一九歳。取材は、画面越しの対面と筆談で行った。彫りの深い精悍な表情で、ひとつひとつの質問に熟考。奥村さんが、とりわけ著しい精神的成長を見させてもらったと語るひとりである。

スタバのファーストペンギン

「小学生のころからJR東海の新幹線の車掌になるのが夢でした。早くその職に就きたくて工業高校に進み、大学には行かず就職するつもりで勉強を頑張ってきました」（渡邉さん）

幼いころ母親とよく見に行った地元の神戸電鉄が、憧れの始まりだ。

だが、高校二年の進路希望調査票に「鉄道会社への就職希望」と書いたところ、面談で進路担当の教師にはっきり告げられた。

「渡邉君は流暢に話せないから、この進路は厳しいんじゃないかな」

厳しいだろうとは思っていたが、それまで吃音が要因でこれほどはっきり人生を否定されたことはない。「目を背けて考えないようにして」（渡邉さん）、がむしゃらに勉強に打ち込んできた。

「あらためて、お前は無理なんだという現実を突きつけられた気がしました。一カ月くらい立ち直れなかった。気持ちを切り替えるのには時間がかかりました。なかなか勉強へのモチベーションもあがらなくて」

そんなとき、たまたまテレビで注カフェ神戸のニュースを見た。主催は、神戸学院大学だ。

「同世代の吃音の人を見るのは初めてでした。参加されている方たちがすごく輝いて生き生きして見えて、ものすごく心惹かれました。とくに細川杏《あんず》さんがほんと、輝いてた」

細川杏さん（二一歳）は、今までの人生で吃音を理由に、多くのことを諦めてきたと、インタビューで語っていた。アルバイトでも、周りの子は接客をしている中、自分は仕分けや工場などの選択肢しかなかったこと。小中学校時代は、国語の本読みでは汗びっしょりでガタガタ震え、クラス中の子に笑われ「死んだほうがいいよ」「気持ち悪い」と言われたこと。

彼女は注カフェ後まもなく、単独で関西テレビニュースに特集された。名前と顔を出し、率直に語る一四分のインタビュー映像は、ユーチューブでも公開されている。

「言葉がうまく出ませんが、他の人と同じように接してもらうと嬉しいです」と、何度も言葉につまりながら来客に説明する姿は、八カ月で再生数三九〇万。「いいね」が五万、コメントが五三九七件で、現在もＰＶ数は伸び続けている。地方のニュース番組の一コマとしては、傑出した数字だ。

「注カフェがなければ吃音症について、知る人も少なかったはずですし、堂々と吃音症と公言する人も、それまでいなかった。細川さんもすごいし、注カフェもすごい試みだと胸をつかまれました」（渡邉さん）

彼はそのとき心に決めた。「いつか近くで募集があったら、絶対応募しよう！」

ほどなくしてその機会はやってくる。四カ月後、注カフェ大阪の告知をツイッターで発見したのだ。

「オンラインで初めて会う奥村さんは、エネルギッシュというのが第一印象。ご自身も吃音を理由にいろんな嫌な思いや挑戦できなかったことがあると思うのですが、そんな負の思い出があるのにもかかわらず、ここまで吃音に真正面から向かい合っているのは本当に尊敬します」

渡邉さんもまた、仙台の過心杏さんと同様に、注カフェ大阪に参加し初めて自分以外の吃音者と出会った。

「それまで周りに吃音者がいなかったので、やっぱり孤独は感じていました。だから注カフェで、横のつながりができたことはすごくありがたかった。同じ悩みで苦しんでいる人がこんなにいるのだと実感できて、どこか安心したというか。そう、僕が注カフェに参加したことで、吃音症というものを初めて知ったという非吃音の友達が、周りに四人もいるんですよ」

鉄道会社の車掌を志したのも、接客が好きだったからだ。吃音者は話したいのに、なめらかに話せないからだまりがちなのであって、おとなしいわけでも、コミュニケーションが苦手なわけでもない。口数が減ることで、性格に関係なく〝おとなしい内向的な人〟と認識されるストレスは、思春期ほど大きい。本当はそうじゃないのにという自我との折り合いの付け方を、誰も教えてくれない。周りに吃音当事者がいないからだ。

渡邉さんは、治療法が確立されていないので諦めていた、と振り返る。授業での発表や、委員会に入ってリーダーシップをふるうことも、「本当はやりたかったけど、最初から諦めていました」。

別に明るいことだけがいいわけじゃないし。そう自分に言い聞かせ、やりたいことに蓋をしてきた。

「だから、自分にも接客ができたという経験は、本当に大きな自信になりましたね」

iＰａｄを駆使したり、言葉がけのバリエーションを増やしたり、客に〝こうしてほしい〟と要望を伝えるなど、自分で環境さえ整えれば、できないことはないと体得した。注カフェのように、待つことを厭わない理解のある人ばかりの空間でなくても、自分で整える努力をすればいいという発見が、最大の学びだ。

「最近はＬＧＢＴだったり、ＡＤＨＤなどが世間にも認知されて、そういう特性をもつ人がいることを当たり前だと認める風潮ができつつあると思うのですが、つい七〇年前まで精神障害のある方を自宅に監禁したり、ほんの二〇年前まで優生手術が行われていた。障害を恥だと思う価値観が、親の世代やそれより上の世代の方々には刻まれているんじゃないでしょうか。でも、僕らの時代は違う。価値観が明らかに変化しています」

渡邉さんは大学に進み、リスクマネジメントや、ヒューマンエラーなどを取り扱う学部で学んでいる。鉄道会社でも、ヒューマンエラーをなくすための研究が行われているので、このテーマを武器に夢に再挑戦。就職に活かしたいという。

注カフェは注文やドリンクの手渡しがひと息つくと、吃音クイズのパネルを持って、客のテーブルをおしゃべりして回る。客の中にも吃音当事者や、吃音の子を連れた親、身近に吃音当事者がいるという人がいる。

私は来客の声からも、仕事や結婚、友人関係など言葉のコミュニケーションが大きな役割を果たす現代で、目に見えない特性である吃音症が、ときにいかに人生を苦しいものにするかを知った。

これは個人が背負い、それぞれで解決する課題だろうかと疑問が芽生える。少なくとも、社会での理解が深まることが必要不可欠では――。

渡邉さんは強い光をまなざしにたたえながら、筆談のチャットに綴った。

「奥村さんが僕に注カフェを通じて希望をくれたのと同じように、僕もなにか挑戦をして、同じ吃音者の人に希望や光を見せ、奥村さんの活動を社会に還元させたいという思いがあります」

その第一歩がスターバックスだ。

同店には「チャレンジドパートナー制度」があり、特性に配慮してもらえる環境が整っている。応募の際は、吃音のため筆談での面接に対応してもらった。

現在は平日の夕方から四〜五時間、ｉＰａｄを抱え店頭で注文をとっている。

「吃音症を理由に、チャレンジドパートナー制度を利用している人は僕の知る限りでは、ほかにいません。サイニングストアという聴覚障害者が働くスタバはあるのですが、言葉を話せない人をターゲットとした配慮はまだ少ないので、僕がファーストペンギンとなり、先例を作ることで、吃音症や言葉が話せない人でも安心して働けるようにしたいです」

質問に答える一方だった渡邉さんから最後に、こんな要望を受けた。

「あの、僕がスタバで働いているのを撮りに来てもらえませんか。スタバの店員や接客業に憧れを持っている吃音者も多いと思うので、文字だけでなく実際に働いている姿を見せてイメージさせることができたらいいなって」

じつはインタビューをしたものの、保護者からの申し入れで本書に載せられなかった若者がいる。そんななか、僕を映してくださいという言葉は、ひどく心にしみた。たった今も何かを諦めかけているかもしれない誰かの背中を押したい、同じ想いを経てきた自分だから力になれるという強い気持ちが、まっすぐ伝わった。私は茨木に行けないことをくどくどと謝った。

二一年前、奥村さんが相模原市橋本駅のスタバでガラス越しに抱いた夢を、渡邉さんが今、大阪で叶えている。

「笑う人が悪いんじゃない。話せない私が悪いんだ」

渡邉さんが心を突き動かされ、奥村さんが「後輩たちに大きな影響を与えているひとり」と評するのは、細川杏さんだ。大学二年の二〇二二年秋、注カフェ神戸に初参加した。

カフェスタッフ応募時のメールには、切実な思いが綴られていた。

〈今までの人生の中で、吃音を理由にして多くのことを諦めてきました。アルバイトでも、周りの子は接客をしている中、私には仕分けや工場の選択肢しかありませんでした。

私も本当は喋ることが大好きなのですが、迷惑をかけてしまわないかな、とか、笑われたらどうしようと思い、接客に挑戦できていないままです。

一度でも良いから、安心できる環境で自分の言葉で話したいです。力を貸してください〉

一度でもいいから。話すことが大好きな若者が、そのたった一度が叶わずやりすごす青春期の無力感は計り知れない。

「注カフェスタッフに選ばれると、最初にオンラインの顔合わせがあるんですが、心臓バクバクで、話すのが怖かったです」

細川杏さんは、参加当初の心情を率直に語る。時々「……と、えっと」と難発が出る。

オンライン越しに会う初対面同士。吃音でなくても緊張するシチュエーションだ。

高校生、大学生の吃音当事者四人と奥村さんの五人で、一時間。ズームの利点は効率・節約とともに、きっかり時間制限を設けられるところも大きいのではと感じられる。

奥村さんは、実施後のフォローアップミーティングも含め、どんな打ち合わせも一時間以内と決めている。三〇分から一時間が適当という若者のアンケートが多かったからだ。たしかに初対面同士、二時間は負担になる。一時間半でもきついだろう。自己紹介、注カフェの概要、注カフェに期待することを一人ひとり話してもだいたい三〇分。そのあとは、共通点探しゲームのような交流を兼ねた軽い言葉遊びや、地元の魅力を紹介しあう。

私が同席した注カフェ香川（一四七頁）では、ゲームはそれほど弾まず、初回は四〇分で終わった。初めての画面越しなら、誰でもそんなものだろう。奥村さんは、無理に盛り上げもせず、淡々と終了する。繊細な年代の吃音当事者の機微を、よくよく把握したうえでの対応であろう。最初からわいわいやったら、のれる人は良いがのれない人が置き去りになる。つねひごろ、吃音当事者の多くは後者だ。無理に笑ったり、喋ったりしなくてもいい。その、ラフで〝頑張りすぎない雰囲気づくり〟が巧みだ。

顔合わせのミーティングの前に、必要に応じて一対一の面談を提案している。その際、先読みして話してほしいタイプか、待ってほしいか、調子が悪かったら飛ばしてほしいか、細かく希望を聞く。

細川さんは、一度見知った人がいる安心感は大きいと語る。

「奥村さんがいてくれるという安心感はすごくありましたね。実際、顔合わせでは、みんな優しい表情で、私の言葉を待ってくれた。リラックスできましたし嬉しかったですね」

関西で三重に続き二回目の開催となる神戸では、応募者が十数人集まった。奥村さんが細川さんを採用とした理由はふたつ。

「力を貸してくださいという文章の切実さに打たれました。もうひとつは笑顔の素晴らしさです。カフェは、お客さんに〝この人の接客を受けたい〟と思っていただくことが大事ですから」

はにかんだ笑顔はたしかに周囲が引き込まれるような可憐さがあり、懸命に言葉をつなぎ相手に思いを伝えようとする誠実さは、マスク越しからも伝わる。たとえば、カフェ店員に憧れる小学生の吃音当事者が彼女に接したら、自分もやってみたい、あのお姉さんみたいになりたいと憧れるだろう。

注カフェの三週間後、関西テレビのニュース番組に単独で出演し、放送の動画が広く拡散された。

細川さんの見える世界は、このふたつの体験でガラリと変わった。

「吃音は悪いものじゃないと初めて思えた。小中はひどいことを言われていじめられ、高校は保健室登校でした。でも、ひどいことを言う人が悪いんじゃなくて、うまく話せない私が悪いんだ、とずっと思ってきました。注カフェとテレビ取材は、その価値観をガラリと変えてくれました」

注カフェスタッフの条件には、高校生以上の学生、接客に挑戦したい人などのほかに、前述のように「メディア取材・撮影が入るため、カメラに映っても問題ない方のみ参加。マスクで顔を隠す、ニックネームOK」という項目もある。四名しかいないカフェスタッフで、テレビ新聞には出たくない、名前は出したくないという人がひとりいると、希望を守るのが難しい。取材対応の窓口が奥村さんしかいないからだ。すべてのメディアに、「後で映像や原稿をチェックさせてほしい」とも言えない。そのため、事前に肖像権使用同意書を提出してもらう。

ところが当初、細川さんは注カフェには参加したいが、自分の名前や顔が出ることには大きな不安があった。

「小中のころ、私をいじめていた子たちに見られるのがいちばん怖かった。インタビューもいやでした。聞かれてもスムーズに答えられないし、短い時間に自分の気持ちをありのままに表現できるわけがない。テレビ局の人にも迷惑をかけて申し訳ないことになると」

とうとう前日の二一時、奥村さんにラインを送った。

〈とてもとても不安です〉

新幹線で神戸入り、ビジネスホテルに泊まっていた奥村さんはすぐ返信した。

〈もし時間あれば、ズームでちょっとだけお話ししませんか〉

画面に笑顔の奥村さんがいる。細川さんは、当日、不安が強くなったら休ませてほしいと相談した。「では個室の休憩所を手配しますね」。うまく話せなかったらどうしましょうと言うと「私がカバーするから大丈夫」。

「何度も〝大丈夫だよ〟と言われて、やっと心が落ち着いていきました」

前夜にラインをしてくる子はじつは少なくない。不安です。やっぱりできないかもしれない。お腹が痛い。行けないかも……。

奥村さんはどんなに夜遅くても、疲れていても、必ず電話をかけ直し、迷いや恐怖心をすべて吐き出させ、それからひとつひとつ根っこにある不安をとりのぞいていく。このとき、細川さんから「カフェの最中に不安が強くなったら、休ませてほしい」と相談され、休憩室を設けるアイデアも生まれた。

それでも細川さんは、その晩、悪夢を見た。ゾンビに追いかけられ、逃げれば逃げるほど増えていく。

当日。開店まもなくは顔がこわばり、持ち前の笑顔が見られなかった。奥村さんは苦しいほどに胸がつまった。「今、細川さんは一生懸命自分の不安と戦っている」。

しかし時間とともに、表情がやわらかくほぐれ、最後は満面の笑みに。接客を心から楽しむことができた。

その夜、注カフェでラインを交換した客の女子中学生から〈今日は会えて嬉しかったです！　私もお姉さんのようになりたいです〉とメッセージが届いた。

しばらくした後、テレビを見た大学の後輩たちからは、「インタビュー素敵でした」「そんなふうに悩んでいたとは知りませんでした。おかげで吃音のことも知れてよかったです」と、口々に言われた。ツイッターでは、名前だけ知っている面識のない吃音の同世代の子らから「テレビを見たよ。すごくよかったよ」とたくさんのコメントが。友達づてに、「取材に出るのがいやだから注カフェは絶対参加しないと宣言していた子が、細川さんの報道を見て参加を決めた」という話も伝わってきた。

親と、ごくわずかな人たち以外、誰にも吃音のことを話さずに生きてきたが、吃音は悪いことではないのだと、当たり前のことにやっと気づいた。

きわめつけは、カンテレニュースの動画に添えられたこんなコメントだ。

〈あなたに勇気づけられました〉

「え?と、びっくりしました。いつも誰かに助けられる側なのに、私が助けになれたんだと。私は人の心をケアするお手伝いをしたいという思いから心理学を専攻していますが、人生で初めて人の役に立てたという実感が持て、大きな自信になりました」

「生きていてくれるだけでいいんだよ」

　ゾンビに追いかけられるほど不安だった彼女が、腹を決めてマスコミの取材を受けたのにはもうひとつ理由がある。

「高校時代うつ病になりました。高校二年から保健室登校、三年生では、一時間目から五時間目まで教室に入れたことは一度もありません。死なないでそれでも登校できたのは、〝生きていてくれるだけでいいんだよ〟と、毎日励まし続けてくれた保健室の先生のおかげ。その先生に私の成長が少しでも伝わればいいなと思ったのです」

　つかえてもいい。出るからにはありのままの私を伝えてもらわなければ意味がない。

　その決意が結果的に、彼女の人生を一変させた。

「お前は生きている価値がない」

　小学生の時、何度も言われた言葉は、今も刃となって胸に突き刺さっている。

注カフェがどんなに素晴らしい体験だろうと、残酷な記憶がなかったことにはならない。

吃音を自覚したのは幼稚園のころで、小学校に入るとからかいが始まった。担任教師が笑っているのを見て、ここには味方がいないと悟る。親は毎年学校に吃音について申し入れをしていたのをあとから知ったが、その効果は疑問だ。人と話すのが大好きだが、口数が減り、できるだけ目立たないよう存在感を消して過ごしてきた。

からかいは中学でも続き、高校では「治らない」という事実がどうしても受け入れがたく、うつ病に。

保健室の養護教諭と一部の友達が励まし続けた。

「そのころから、保健の先生がしてくださったように私もいつか、心に傷を負っている方や障害を持つ方の心のサポートをしたいと考えるようになりました」

他者の支援をしたいという思いが、具体的に形になったのが注カフェである。自分が誰かを勇気づけたという誇りもまた、一生消えない記憶になったのだ。あの言葉の刃のように。

今も、体調によって吃音の状況は変わる。

「大学三年で就活も始まるので、面接のとき〝失礼します〟と言えなかったらどうしようとか、不安はあります。日によって全く声が出ない日もある。でも注カフェ以降は、初対面の人に勘違いされないよう自分から、最初に吃音のことを言うようになりました。大学の職員さんから〝配慮するので安心して通ってくださいね〟と言われて、一気に不安が吹き飛んだ。うぃーすた関西という吃音のある若者のための集まりのスタッフも始めました。とりあえず眼の前のことをひとつひとつ一生懸命やっていこうと思っています」

プライベートでは注カフェメンバーと食事に行ったり、悩みを聞きあったり、今も交流が続いている。

奥村さんから、社交不安や不登校の注カフェの子について相談を受けることもある。細川さんのメッセージは明快だ。

「群れて明るく振る舞わなくてもいい。自分らしく自分のペースで。そのままでいてもその人らしさは消えないんで」

学校の休憩時間、誰とトイレに行くかが重要な思春期、あるいはＳＮＳのフォロワーや〝いいね〟の数が気になる世代に、〝自分らしく〟は意外と難しい。

　だが細川さんは言う。

「私もしんどいときは〝何も聞かないで。そっとしておいてほしい〟と思うことがありました。だから吃音の子と関わるとき、せめて私の前では、群れないでいいよって言ってあげたいのです。しんどいときはしんどいって言ってほしいし、ひとりだからって、その子らしさがなくなるわけでも個性が消えるわけでもない。無理に合わせなくてもいい」

　吃音の啓発活動はこれからも続ける。続けることで誰かを勇気づけることになると、注カフェを通して知っているからだ。

「私は今までの人生で何のチャレンジもしてきませんでした。注カフェというたった一度の挑戦で、ここまで正直に生きられるようになるとは、こんなに報われる日が来るとは思っていなかった。吃音があったからこそ出会えた素敵な仲間たちもいる。もし注カフェを迷っている子がいたら、参加したほうがいいよって背中を押したいです」

話を途中でやめなくてもいい

二〇二二年六月、朝七時半のＪＲ富山駅改札前。

リュックの紐をギュッと握って、緊張でカクカクとロボットのように歩いてくる人影を奥村さんは見つけた。

中澤仁成《ひとなり》さん、高校三年。

受験期の大変なときに、新潟から生まれて初めてひとりで新幹線に乗り、注カフェ富山に参加するためやってきた。

「私は東京から深夜バスで朝五時半に富山駅に着いていたので、駅のベンチで二時間彼を待っていました。吃音が出るのが恥ずかしくて、言いたいことがあっても愛想笑いで誤魔化してきた自分を変えたいと、憧れの接客業に応募。緊張でいっぱいになりながら、はるばるやってきてくれた。姿を見つけたときは胸がいっぱいになったのを覚えています」

彼ほど、わかりやすく注カフェ後の人生が激変した若者も珍しいという。

さらに、彼の「新潟には吃音のある人の支援の手が多くはなく、孤独を抱えていた」というつぶやきは、のちの注カフェの方向性に大きく関与している。

「注カフェを、やりやすい関東だけで完結していてはいけない。彼のように地方で孤独と戦っている子たちがたくさんいる。地方でも積極的に活動していかなければと思った原点です」

注カフェ富山は、注カフェの活動を知った社会人の吃音当事者が、知り合いのレストランに声をかけ、奥村さんに企画を相談したことから始まった。初の地方開催地である。

中澤さんは数カ月から吃音に関わるツイッターをフォローしていて、開催を知った。

「僕は、先生はもちろん友達にも吃音のことをほとんど話したことがないし、自分が知る限り地元の新潟では、吃音当事者と非吃音当事者が交流できる催しなんて聞いたことがない。だから衝撃でした。同じ境遇の同じ世代の人と話せるうえに、接客が体験できるのも信じられない。これは絶対参加しなくては、と突き動かされるようにして勢いで応募しました」

じつは人見知りで、吃音のこともあるので初対面の人に自分から話しかけるのは大の苦手だ。「なんなら、学校の職員室に行くことすら嫌でした」（中澤さん）。新潟からひとりで県外に出たこともない。そんな彼がいてもたってもいられず、行動を起こした。

取材した若者の多くが、応募動機を語るとき、「勢い」という言葉を用いる。本来話すのが苦手で、できれば人前に立ちたくない。自己紹介を求められる新学期シーズンは悪夢に襲われ、不眠の日が続く。高校、大学という進むべき道を探求する人生の季節に、それらの恐怖心や苦手意識以上に重く押しつぶされそうになるのが孤独感、孤立感だ。

進路の悩みや不安は、一〇代なら誰にもある。吃音当事者にはそこに、言葉の障壁が加わる。コミュニケーションが必要な職に進みたいのに、ままならない。こんな状態で、社会でやっていけるか。どんな職ならやれるのか。やれないことばかりを数えて堕ちそうになる闇のなかで、共有できる仲間がひとりもいない孤独感が爆発しそうになるとき、彼らは「勢い」という言葉を使うのではなかろうか。

勇気を持ってのぞむというより、やむにやまれず、それしかつかまるものがないぎりぎりの状況で、勢いという魂の情動に押されるようにして応募をする。エモーショナルな感情を利用しなければ、つまり「本当にできるのか」と理屈で考えていたら、とても行動を起こせない。彼らが使う勢いという言葉には、そんな切実さがにじみ出ている。


「どうしよう、どうしよう。奥村さん、全然話しかけに行けません」

前述のように、注カフェは、オーダーの手が空くと、吃音クイズなど客と交流するために、それぞれテーブルに自ら話しかけにいく。中澤さんは、なかなかその一歩が踏み出せず、オロオロしていた。

「どうした?」

「話しかけたいけど勇気がなくて……」

中澤さんの吃音は、話し始めが難しい。だからなかなか声をかけにくい。

「じゃあ私も一緒に行きましょうか」

「お願いします!」

年配の夫婦らしきふたり席に行く。婦人から先に質問をされた。

「あれはどういう意味なの？」

少しずつ会話が始まる。まだ顔がこわばっている。

「中澤君は今朝、新潟から新幹線で来たんですよ」と奥村さんが水を向ける。

「新潟から？　すごいね。新潟のどこ？」

自然に会話が弾んでいく。

ああ、もう大丈夫だ。奥村さんはそっと離れた。その客席を最初に目指したのは、「優しそうだったから。こういうときって瞬時にできるだけ、そういう人を探すんです」（奥村さん）。

客がオーダーをする前、店頭で「遮ったり、推測して代わりに言ったりせずに言い終わるまで待ってください」などが書かれたパネルを使い、客の一人ひとりに説明している。

だから客は、誰も途中の沈黙を気に留めない。

ああ、焦らなくていいんだ。途中で話すことを諦めたり、やめたりしなくていいんだ。伝えたいことを僕のペースで話せばいいんだ。

ふと気づくと、言葉が内側からどんどんあふれ出ていた。つかえても、言葉が出なくても、相手はどれだけでも待ってくれる。その安心感、たくさんの「いいんだ」が、心の鍵を開けた。

「いちばんの快感は、何の障壁もなく、伝えたいことを止《と》めなくていいということです。あっちのテーブルはどんな人だろう。どんな話をしようと、ワクワクしてきた。対話を通じて人とコミュニケーションをとる楽しさを初めて知りました」

昼休憩を除いて六時間立ちっぱなしなのに、全く疲労感がなかった。最後の客を見送ったときは、「やばかったです」（中澤さん）。

「言葉に表せないくらいの気持ちよさでした。しばらく余韻に浸って立ち尽くしていました」

吃音当事者のツイッターでフォローしあっていた人が来店し、初めて話せた。年上の二〇代の吃音当事者や、注カフェがなかったら絶対に接点のなかったはずの人たちと、一気に知り合いが増えた。

もうひとりじゃない。

言いしれぬ喜びと同時に、疑問も芽生えていた。

――吃音の正しい理解は、まだ十分ではないのかも。

客として予約を入れて訪れるような人たちは、吃音という言葉を知っている。理解を深めたいとも思っている。

しかし、そのうちの何人かが語った。

「どういう配慮をしたらいいのかわからない」

「どういう支援が必要なの？」

彼は注カフェを終え、新潟に帰るなり、アンケートの文案を作成した。

「僕らの世代の吃音者が置かれている現状を調査したいと思いたったのです。吃音で悩まない社会の形成のためには、正しい理解を広めることが大事だと、みんなわかっている。そのためにはまず、吃音に対する認知度や配慮がどれくらいなのかを知らないと」

中澤さん自身、一〇代の世代を対象にした吃音がテーマの統計、しかも調査する本人が一八歳の吃音当事者であるという試みはそれまで見たことがない。

高三の夏、とりつかれたように調査を始めた。

吃音研究に専念する毎日

「言語障害の特別支援学級など、吃音者が生活しやすい環境は少しずつ整ってはいるものの、今も吃音が原因でいじめられたり、差別を受けたりする子がいます。理解が少ないからカミングアウトしにくい。言わないから配慮してもらえない。悪循環を変えるための研究が必要だと思いました」（中澤さん）

クラスメイトが受験勉強に本腰を入れるなか、脇目も振らず研究に没頭した。筑波大学に障害科学という珍しい学士課程がある。一か八か、照準をそこに据えつつ、親や教師の心配をよそに、「受験期をどっぷり研究に捧げました」。

吃音当事者七〇名には、ツイッターを使って質問を。非吃音者には、学校内でアンケートを配布した。

それは全校生徒に向けた壮大なカミングアウトでもある。

中澤さんの予想をうわまわる一年から三年にあたる一一一名が快く調査に協力した。興味深い調査結果の一部を抜粋する。

吃音のことを知っていますか？（回答者：津南中等教育学校四、五、六年生一一一名）

　はい　60・4％

周囲の人はあなたの吃音を受け入れてくれていますか？（回答者：ＳＮＳ上で回答を希望した吃音者七一名）

　はい　46・5％

話し相手が吃音者だったらどのような対応をしますか？（回答者：津南中等教育学校四、五、六年生一一一名うち吃音者と話したことがない五五名複数回答）

　周りの人と同じように接する　35・5％

　積極的に話しかける　9・2％

人と話す時どのような対応をしてほしいですか？（回答者：ＳＮＳ上で回答

を希望した吃音者六七名）

周りの人と同じように接してほしい　49・3％

積極的に話しかけてほしい　22・4％

（二〇二二年六月『吃音で悩まない社会へ』中澤仁成）

吃音を知っている人は予想より多いが、吃音者が希望する対応と非吃音者の認識には開きがある。また、吃音者が希望する対応も、それぞれ多様化していることを中澤さんは考察した。ほかにも、言語聴覚士の人数と全国の分布や、吃音に関する就労と合理的配慮に関する調査の資料も添え、グラフで構成されたポスターを作った。

キャッチコピーは『吃音で悩まない社会へ』。どこにも、吃音者へのいじめをなくそうだとか、多様性を認め合おうといった啓蒙的コピーはない。

ただただ、現実の一〇代の吃音者と非吃音者の意識の差異を数字で見せた。

これが、『統計グラフコンクール』で県知事賞を受賞、全国コンクールでも入賞を果たし、新宿駅西口の一角にも掲示された。

現状を知りたいという気持ちの根底には、現状を変えたいという強い思いがある。

「吃音当事者が置かれている現状を知ってもらったうえで、吃音を知らない人にどのような教育が必要か、どういう方法で理解をしてもらうのか考えるべき。多くの人が正しく知れば、現状は必ず変わるはずです」

目指していた筑波大では、この研究をプレゼンし、推薦入試に合格した。

卒業までの時間を惜しんで、さらに挑戦を続ける。

ポスターを英語で作り直し、『高校生国際シンポジウム』に出品。大勢の前で、英語で発表をしたのだ。彼はカ行やタ行の連発があり、英語でも言いづらい語がある。しかし、注カフェでの経験で、つかえても臆することなく、最後まで伝えきる達成感を知っている。結果、ポスター部門教育分野最優秀賞を受賞する。

現在は大学で朝から晩まで、吃音啓発の研究に打ち込んでいる。

「注カフェに参加する二、三カ月前の自分からは、想像もつかない人生になっています。大学ではボート部に入りました。自分からどんどん話しかけてます。学科でたまたま隣り合った人にも。以前の自分は、こちらから話しかけるのは考えられない」

注カフェ前を知る友達からは、「表情がゆたかになって笑顔が増えた」とよく言われるらしい。

たった一日で人生が変わった。

奥村さんは閉店後、中澤さんが発した言葉が忘れられない。

「奥村さん。人と話すのってこんなに楽しいものなんですね！　僕、知らなかった」


「ほかの人の悩みを教えてください」


初めて吃音当事者の友達ができた。

人と話すことの楽しさを知った。

こんなに自分が変わるなんて想像もしていなかった……ｅｔｃ．

注カフェに参加するみんながみんな、このような感想を持つわけではない。参加者の九割以上が、動画やテレビ・ネットニュース、SNSから注カフェを知る。ドラマチックなエピソードほど目立つ環境下で、私は取材しながら小さな心配を抱き始めた。

——もし自分が一〇代で参加を考える立場にあったら、わずかにためらいを抱くかもしれない。

だれもがキラキラして楽しそうだ。発見や気づきも多く、ぐっと成長し、人生観が変わるほどの体験をしている。

でも自分は、そうなれるだろうか。帰りには、あのキラキラ眩しい人たちのように価値観の大変換をとげ、人生が変わったと言い切れるだろうか。全員がそんな魔法のようにたった一日で、変われるわけではないはず——。そうなれなかったときの落胆が怖い。

取材中、注カフェスタッフから逆質問をされたことがある。

「大平さんは各地の注カフェを取材したとのことですが、参加していた学生さんたちにはどんな悩みがありましたか？　僕が参加した注カフェ大崎の仲間たちは、もちろんそれぞれ悩みはあるだろうけど、そのなかでもうまくやっていけそうな人たちばかりでしたので、現在進行形での悩みについてあまり話す機会がありませんでした。ほかの吃音当事者が持つ悩みについて、少し気になります。よかったら教えてください」

品川区の注カフェ大崎で取材をした水島典宏さん、大学四年生からだ。

彼の率直な問いかけに、大きく心を揺さぶられた。私がもし一〇代の同じ立場で参加していたら、同じことが気になると思ったからだ。

みんな楽しそうで、過去はどうであれ今現在は、そんなに切実に困ってはいないんじゃないか。注カフェに参加するくらいの人は明るく、なにより場所によっては数倍の確率から奥村さんが選ぶような人は、明るく社交的な人の集まりではないか。

いざ入り込んで取材すると、そうではないとわかる。半年間で、「吃音についてなら悩んだことが一度もありませんけど、取材はそれでもいいですか」と言われたのは、兵庫の男子高校生一名だけだった。それでもいいと答えたが、メールの返事は途中で絶えた。人生でただの一度もないという真意を、食い下がって聞くだけの気持ちを私も維持できなかった。

男子高校生に限らず、誰もが最初から心の内を明かしてくれるわけではない。取材の約束をしていたが、突然メールもＬＩＮＥも電話もショートメッセージも一カ月以上連絡が途絶え、途方に暮れたことも一度や二度ではない。一〇代の彼・彼女らがおそらく生まれて初めて受ける取材の場で、できるだけ前向きに、良いことを言おうと頑張ってしまうのは、とてもよく理解できる。良いことだけを言い続ける側とて、苦しかろう。奥村さんも、連絡が途絶えるのは日常茶飯事だという。誰にも体調の波や気持ちの上下はあるので、責めたり追いかけたりはしないとのこと。

仙台の過心杏さんの言葉が、胸に残っている。

「マスコミの人はみんなどれだけつらかったかを聞きたがるので、たまにしんどいときがあります」

私も、気をつけていてもついついその質問に躍起になってしまうときが正直ある。繊細でフラジャイルな一〇代たちを前に、心の杭のさしどころがわからず、しばしば立ち止まった。連絡を絶ちたくなる気持ちもまた、理解できるのだ。

だから水島さんの率直な質問には、心を突き動かされた。

彼は、「毎日吃音のことだけを考えているわけではないけれど、就職を前に何をやりたいのかが見えず、今立ち止まって悩んでいる最中です」と、注カフェ大崎の店舗裏で立ち話のまま飾らぬ言葉で、率直に語った。

その後、メールでのやり取りが続き、「僕からも質問をしていいですか」と、前述の問いかけをされたのである。

誠実に、私なりに感じたありのままを伝えねばと思った。

その後の私の回答と彼の返信を、許可を得たうえでそのまま記す。

矢印は、水島さんからのコメントだ。

〈水島さんへ
仙台、神奈川、兵庫、新潟、大阪、四国とさまざまな高校生、大学生、社会人の方々と話していると、次のようにそれぞれ悩みはありました。
・やりたい職業が見つからない、わからない。
　↓まさに自分の悩みです！　ですが最近、みんながみんなやりたい仕事に就けてるわけじゃないってことを知りました。それなら最低限これだけはしたくないことを決めて、仕事を探そうと。たとえば営業だけはしたくないならそれ以外の仕事を。やりたいことより、自分が向いてることを探した方がいいのかなと思いました。ただまだ社会人としての経験がないので何が向いているのか実際に働いてみないとわかりませんが。

・海外で働きたいが不安、留学や移住について吃音者に関する情報がない。
　↓注カフェ中野でもメンバーのひとりに「海外行くといいよ」ってアドバイスもらいました。ただ自分の場合、不安症なこともあり懸念点が多すぎて海外は考えられないですね。

・注カフェで接客をしてみて、言い換えばかり考えていて疲れた。

・注カフェは周囲の理解があるからいいが、実際に社会で働くのは不安がある。
　↓これもこの前メールで話した通りで、吃音をいつカミングアウトしていいかわからないし、そもそも社会人としてやっていけるのか不安になります。

・現在不登校で、フリースクールもあまり行けてない。親の不安もわかるので心苦しい。

・ふだん人見知りなので、社会に出たとき人と関わることに自信がいまひとつもてない。

↓私は最低限のコミュニケーションは取れるものの、自分から話しかけるのはなかなかできなくて他人に任せたい仕事も結局は自分でやってしまいます。

（倉庫のアルバイトでのこと）

・地元で注カフェを呼びかけたが、スタッフ参加者がひとりもいなかった。

・四～五月は、取材していても急に連絡が途絶えるなど、精神的に不安定な方もいました（進級、進学などによるものと考えられます）。

↓私も正直、注カフェに参加する前はかなり精神的に不安定になりました。本当につらいと何もしたくありませんし、メールはもちろん友達からのラインも見れなくなるくらいつらかったので、正直なところすごく共感できてしまいます。

・注カフェに参加できる高校・大学生はいいが、地方の二〇～三〇代の社会人は、吃音当事者同士のつながりがあまりなく孤独。〉

丁寧に記された彼のコメントは、吃音を抱えながら就職を控えた全学生の代弁のように感じられた。けして彼だけの声ではない。

彼の吃音は波があり、長期的な周期で回っているという。波には個人差があり、気圧や天候で変わる人もいれば、一日・一週間という周期で理由もなく上下する人もいる。

水島さんは、注カフェ前後はたまたま調子が良かった。だが、最近は吃音が出やすい。

〈これは注カフェ以降、人と話す機会が少し増えたからなのかもしれません。今はなるべく気にしないようにしています。注カフェに参加する前のような精神的な落ち込みはなくなりましたが、かといって生き生きと過ごせているわけでもない。先のことを考え込むとつらくなってしまうので考えずにいるのが現状です。

ですが吃音の悩みはたしかに和らいでいて、就活の面接も吃音が出るからやりたくないということはなくなりました〉

吃音だけが悩みでもなければ、そのことばかり一日中考えているわけでもない。ただ、注カフェ一回で何かがガラリと変わったわけではない。そういう若者も少なくないはずだ。

「電話だけは今もしたくない。社会に出た時の電話の不安もある」と水島さんは取材時に語っていた。電話については、同様の声をスタッフ・客、年令問わずあちこちで聞く。会社勤めの男性は、「心の準備のない無防備なときに、一対一で相手を待たせる気まずさを強いられる電話は嫌い。できれば出たくない」。

奥村さん自身も、注カフェの連絡事項は、「電話が苦手なので」症状が重い日はすべてメールやLINEにしている。小学生のころ、電話の連絡網で自分の名前が言えず、いたずら電話と勘違いされ怒鳴られたことがトラウマになっており、今もバイブレーションのみで気づかないことが多いとのことだった。

ふだん、なんの気なしに利用している電話は、吃音当事者にとってどれだけ暴力的なツールであることか。自分の周りにも、言い換えやリズムを取るなどさまざまな工夫で吃音をカバーし、そうとは見せずに電話に出ている人がいるかもしれない。一〇〇人にひとりなら、きっといるはずだ。苦手だな、できれば出たくないなと思いながらスマホを握っている人が。

水島さんのつぶやきは示唆に富む。

大学を一年休学したこともあり、卒業まで考える時間はまだある。「今はとにかく迷いに迷いながら、時には立ち止まりながらでも、自分の将来に少しでも希望が持てるような選択をしていきたい」と語る。

彼にとって注カフェは、発見も多々あった。

どもってもいい環境下では、接客は全然苦ではない。吃音について知っている人が相手だと、自分はどもりにくくなる。また、これまで新しいことに挑戦することが少なかったため、どんなことを自分がおもしろがれるのか、あまりわからずに過ごしてきた。やりたいことはまだ見つけられていないが、自分の可能性の存在を信じられる。

吃音に対する考え方も、変わった。

注カフェ参加前は、「吃音は隠し通すもの」。

参加後は「吃音は隠す必要性のないもの」。

彼が大学ではなく、高校一年で注カフェと出会っていたらどうだったろうと考える。

私も二六歳でやっとやりたい仕事が見つかったんですよと話すと、こくりとうなずき、マスク越しに顔が少しほころんだ。

注文に時間がかかってもいいカフェのように、人生の選択に時間がかかってもいい。卒業後すぐ、魂を注いで一生打ち込める仕事と出会える人のほうが少ないのではないか。

拙い言葉がどれほどの力になったか全く心もとないが、胸を開いて語ってくれた彼に心から礼を告げたかった。

注カフェは魔法のワークショップではない。面談がいやだなと思わなくなっただけでも、不安を整理できただけでも、隠し通すものではないと悟っただけでも、小さな挑戦には大きな意味があったと、私が学ばせてもらったからである。

忘れ得ぬ一夜

「地方の二〇代から三〇代の私のような社会人は、吃音当事者同士のつながりがほとんどなく孤独です」

そう語ったのは、注カフェ香川に、サポートスタッフとして参加した佐藤知花さん、二七歳だ。

カフェスタッフの茶菓子や車の送迎、現場の雑用など、積極的に四人のカフェスタッフを支え、テキパキと裏方をこなした。看護師を経てローカル局に勤めていると聞き、合点がいった。行動が早く、良く気が回る。

香川言友会[※8]の古市泰彦さん（五四歳）から声がかかり、注文に時間がかかるカフェさぬき実行委員会に、若者を支える運営スタッフとして加わった。

注カフェ香川は、独自にクラウドファンディングで費用を集めた実行委員会スタイルである。カフェスタッフ四名、大人の運営スタッフ八名の大所帯。会場は、徳島文理大学香川キャンパスでこれまた広い。

佐藤さんは二年前に香川言友会に一度だけ参加した。その縁で誘いを受けたというわけだ。なぜ一度きりだったのか。

「たまたま私が参加したときは年齢層が幅広く、四〇代以上の方が中心でした。一〇人くらいで体験談を話していくのですが、当時二五で独身の私には、吃音の子を持つお母さんの話や、父のような年齢の方の四〇年前の学校での体験談になかなか共感しづらく、話の合う人がいませんでした。それでつい足が遠のいてしまいました」

佐藤さんはそれより前、学生時代に参加した吃音の若者サークル「うぃーすたプロジェクト」のイベントが原体験になっている。当時、京都で発足してまもない団体で、一泊二日を過ごした。

「全国から集った一〇代から三〇代の人たち四〇人ほどで、勉強会のあと大雨の中バーベキューをして、ひと晩中語り合いました。初めて同世代の人たちと知り合えて、すっごく楽しかった！　吃音のことをオープンに話したのも初めて。ものすごく救われました。その感動が忘れられず、四国でも吃音当事者の若者向けに何かをしたいと考えるようになりました」

注カフェ香川にも、「うぃーすた」の四国プロジェクトを準備すべく、手製のチラシを持参していた。

注カフェの取材に来ていた彼女の同僚との会話が聞こえてきた。

「知らんかったよ、全然」

「ああ、私が吃音やいうこと？　ふふ。わからんかったかもしれんねえ。子どものころからそうだったんよ。これでもけっこう気ぃつこうて話してるんよ？」

明るくサバサバと、なんでもないように答えていた。

かつて参加した地元の団体にも、別の日に行ったら、同年代の人がいたかもしれない。たまたま同世代がその日いなかっただけなのかも。だが勇気を出して参加した、たった一度で、縁《えにし》をとりこぼしてしまう二〇～三〇代の社会人もいる。吃音当事者の最初の一歩には、大きな勇気と重みが宿っている。だからこそ、一度の注カフェで人生が変わる若者もいる。

日差しが燦々と降り注ぐガラス張りのキャンパスで、佐藤さんは目を細め、遠くを見ながら言った。

「若いころのバイト先って、接客業が多いんですよね。私もいいなあやりたいなあってずっと思ってた。でもマニュアル通りに話せないし、無理だなと諦めた。私はもう若くないけど、注カフェという、自分のできなかった夢が叶う場所があるなら、若い子はどんどんやってほしい。そのためのお手伝いなら、なんでもするからという気持ちです。お手伝いすることで、私も当時の夢がちょっとでも叶うような気がして嬉しいんで」

佐藤さんが四国に蒔いた新しい種がどう育つのかは、ツイッター「うぃーすた四国」で知ることができる。彼女が二〇二三年四月に発足した準備団体である。

注カフェの誕生を三年前に予見していた男子高校生

注カフェが初めて世田谷で開かれるはるか前から、誕生を予見していた高校生がいる。

大阪府在住の佐々木琉太さん、現在大学三年だ。

「高校生のとき、認知症の方々の『注文をまちがえる料理店』のニュースを見て、ハッとしました。別の形で吃音でも絶対できるんじゃないかなって直感的に思ったんです。だから三年後に奥村さんが注カフェを始めたとツイッターで知ったときは、ものすごく嬉しくてすぐにでも応募したかった」（佐々木さん）

しかし、社交不安障害の症状が強く出るタイミングだったので、やむなく見送った。

インタビューで佐々木さんは、初回の参加について「諦めた」ではなく「見送った」と表現した。回を追うごとに有名になっていく注カフェを見守りながら、自分の体調を俯瞰し、「チャンスが来たら次は逃すまい」という思いが強まっていった。けして断念ではなかったからだ。

当時は、人がたくさん集まる場所行けず、電車に乗れなかった。

「一度にバーッとたくさんお客さんが来ると、よけいに症状が悪化するのではという不安がありました。ふだん、遊びに誘われても電車に乗るのが怖いので断ってしまう。そうすると、めっちゃノリの悪いやつみたいになっちゃうんですよね。でも、いつか注カフェを近くでやることがあったらそのときは逃さないようにしようと念じていました」

佐々木さんは、難発で、とくにカ行とタ行が出にくい。

大学は電車に乗らなくてすむ場所を優先して選んだ。人が多いキャンパスで、午後まで体調が持ちそうにないときは、一旦帰宅して実家で昼食をとる。

二〇二三年二月、注カフェ奈良のプロジェクトが立ち上がった。

主催は有限会社ホームヘルパーステーション絆。デイサービスと訪問介護を行う個人経営の会社である。

「大きなカフェや大学ではなくて、デイサービスのアットホームな空間というところが、僕にとってはハードルが低く感じられました。実家の近くで、電車移動の負担もない。社交不安の症状も少し落ち着いていましたし、もうこれを逃したら応募しないだろうと思った。やるしかないと、何も考えずに一気に動機を書き上げてメールを送りました」

応募文には、吃音による社交不安障害があり、ひとりでお客として飲食店に入れないほどであること、実家の前に喫茶店があり、いつもコーヒーのいい匂いと楽しそうなおしゃべりが聞こえてきて憧れていたこと、でも記憶もないような幼いころに一度しか行けてないこと、その店がきっかけでカフェ店員に強い憧れがあり、どうしても挑戦したいこと、注カフェ初期から参加したいと思っていたが、勇気がなくてできなかったことを綴った。

奥村さんは、「私自身、かつてカフェは夢を見るほど働きたかった場所。吃音が理由で諦めた夢がカフェ店員で、やってみたいという彼の気持ちが痛いほどわかった。オンラインでお話ししてもやる気が変わらず、社交不安のことがあってもできるだけの不安はこちらで取り除く努力をして、ぜひお願いしたいと思いました」。

細川杏さんの「休める場所がほしい」というリクエスト以来、必要に応じて注カフェの会場に〝休憩室〟を設置している。社交不安の診断の有無にかかわらず、緊張やストレスから気分が悪くなったり、恐怖心に襲われ心に負担を感じたりしたときすぐに避難できる場所の必要性を感じたからだ。個室の場合もあるが、完全に隔離した部屋にすると、再び人前に出にくくなるので、カフェスタッフが近くにいて声が聞こえるようなライブ感のある場所で、目隠しのついたてなどを用意し、ソファや椅子を、注カフェ主催者に用意してもらうことも。

佐々木さんは大小の不安をひとつずつ解決していく奥村さんの姿勢に信頼を感じた。

「休憩場所にはいつでも行っていいよと言われて、すごく安心したのを覚えています。それから社交不安って、症状が出ると汗が吹き出るんですよ。奥村さんはそれを知っていて、当日、タオルを近くに置いておいてくれた。細かいことなんですが、それだけでもすごく落ち着けました」

メンバー三人が決まり、ライングループが作られた。佐々木さんのほかに女性ふたり、全員、大学二年生（応募当時）だ。

「いくら吃音当事者どうしと言っても、男は僕ひとり。めちゃめちゃ気まずかったです」

佐々木さんの願いに反して、さらに気まずい場面は続く。

目を合わせない少年

「デイサービス絆のオーナーの方がすごくアツい人で。注カフェの前から、ライングループで、みんなで遊びに行こう、遊びに行こうって誘ってくださるんですよ。初対面で気まずいなあって困ってたんだけど、気にせずどんどん企画進めて、とうとうレストランでごはん食べることになっちゃったんです」

佐々木さんは、おかしそうに述懐する。オーナーの四〇代の男性は、家族経営で福祉サービス業を営んでいる。半年前の注カフェ神戸の細川杏さんの動画を見て「ボロボロ泣いて、それから注カフェの一連の動画全部見て、注カフェ奈良を自分のところでやろうって思い立ったそうなんです」。

注カフェの主催は誰でもできる。具体的にやることは、開催費と会場調達のみで、あとの準備は奥村さんがする。準備段階では、オンラインで打ち合わせをすることが大半だが、注カフェ奈良はオーナーの発案で、実際に会って交流を深める機会が多かった。

「こんなにグイグイ来るとは思いませんでした（笑）。レストランではガッツリ社交不安が出ちゃって、めっちゃふわふわしていてあまり記憶がないくらいなんです」（佐々木さん）

しかし、誰もが相手の言葉をゆったり待つ空気感の中で、「めちゃめちゃ」な気まずさは徐々に消え、「だんだん部活の延長みたいに楽しくなった」とのこと。

初対面で話しかけるのは気後れする。きっとお客さんもそうだろう。じゃあ何か会話のきっかけを作ろうという話になり、注カフェのロゴの消しゴムはんこを作って、手書きメッセージを添えたしおりを三種用意。「記念にひとつどうぞ」

と、渡すようにした。当日はこれが役立った。

「話題のきっかけになるし、ひとり一枚渡すって決めると、いい意味で緊張しているヒマがないんですよね（笑）」

個性的な試みは、事前の「部活の延長みたい」な集まりがあったからこその産物である。


注カフェは、予約五三名プラスアルファの客が来た。一時間一〇人と決めているので、ドリンク提供後はゆっくり、客のテーブルで話ができる。

ところが、しおりを渡しても反応がなく、佐々木さんと一切目を合わせない小学校四年の男の子がいた。

「吃音があり、お母さんが、無理やり連れてきたとおっしゃっていました。僕の顔を見てくれず、そっぽを向いているので、会話にならないんですよね」

母親が言った。

「わ、しおりだ。この子、本を読むのが大好きなんですよ。おすすめの本、教えてあげてください」

佐々木さんは思った。——自分の目と、この少年の目は似ている。

「今はこんなふうに話していても、ひとりになったらめっちゃ考え込むし、寝るときはいつも不安に襲われる。人と目線を合わせるのが怖いときも、他者とのコミュニケーションに困ることもいまだにある。そういう元気がないときに、僕が必ず手に取る本を教えてあげました」

辻村深月著『かがみの孤城』である。生きづらさを抱える不登校の中学生が学校に行くようになる話だ。

「自分が勇気をもらえる話だから、ぜひ読んでみて！」

少年は、一瞬顔をこちらに向けた。

「声を出してくれないけど、本の話のときだけ僕を見てくれたから、読んでくれそうな気がして、勧めました」

佐々木さんは、今も本棚のいちばん目立つところに『かがみの孤城』を飾っている。なにがあってもそれでも生きていこうと思える、大きな影響を受け救われた本だからだ。しかし、本書のことは誰にも話したことがない。

「タイトルにも作家名にも、カ行とタ行があるからです。必ず吃音が出るから、ふだんは絶対言わない。でも、彼の背中を押したかった」

別れ際、思い切って佐々木さんは声をかけた。

「一緒に写真撮って帰らない？」

「……」

返事はない。

一五時すぎ。最後の客を送り出そうとしたときあの親子がやってきた。少年は、母の一歩後ろで佐々木さんを盗み見ている。

「もう一回来てくれたことが、すごく嬉しかったですね。嬉しすぎて頭の中がまとまらなくて、何も言えなかった」

この子はあのときの僕。思わず歩み寄り、少年をぎゅっと抱きしめた。そして、言葉を絞り出した。

「一緒に頑張ろう。つらいときはここを思い出して」

一部始終を奥村さんは、少し離れたところで見ていた。

「佐々木君は最初その子が来たときから、目線が合わず何も返してくれなくても、ずっと笑顔で話しかけていました。言葉は出なかったけど、その子の顔がだんだん穏やかになっていくのがわかった。自身も人の目線が怖く不安との闘いと言っていた佐々木くんが、一日の最後にはハグと、一緒に頑張ろうねってその子の手を固く握っていました」

握手もできたのだ、最後に。

「今も、本棚の『かがみの孤城』を目にするとあの子を思い出すんですよね。元気でやってるかなって」（佐々木さん）

福祉を学んでいる彼は、こんな夢を抱いている。ソーシャルワーカーをやりながらカフェを経営できないか。カフェの青写真はある。

「個室の多いカフェです。おひとり様でも行きやすいような」

三章　ルーズソックスと母

「借りる立場で悪いんだけど、明日うちのバリスタマシン、渋谷まで持ってきてくれない？」

奥村安莉沙さんの母、千鶴さん（五九歳）が娘の行動力に驚かされた最初の出来事は、二〇一四年の三月。安莉沙さんの大学卒業直前だった。

「いいけど何に使うの」

「私が今までお世話になった友達やスピーチ教室の方々を呼ぶ会を、渋谷の教室借りきってやるの」

「は？　お世話になったってどなた？」

「就活の面接対策で通ってたスピーチ教室の友人とか、そこの先生とか。小さいころからの友達とか」

「ひとりで？　何人呼ぶの」

「ひとりだよ。二〇人くらい。もう招待状送っちゃった」

「……もちろん、東京の人だけよね？」

「大阪からも友達が来てくれるって」

「あなた、お車代は差し上げたの⁉」

「オクルマダイってなに？」

それを聞いた晩は眠れませんでした、と千鶴さんは語る。

結果、四〇人余が来た。

「みんな良かったねって言ってくれて、これがバリスタなのねーとか、あ、これテレビで見た店のパンだとか喜んでくれたよ」と、安莉沙さんからあっけらかんとした報告が来た。彼女が就活用に二年間通ったトークセミナー教室の教員にアイデアを話したら「それはおもしろい企画だね、夕方から三時間、ただで貸してあげるよ」と協力してくれたらしい。

「チャレンジ精神っていうか、なんていうか。小さいころから初めて見る野菜や食べ物は、とりあえず食べてみるっていう子だったけど。でも、あのときは驚きましたね」（千鶴さん）

注カフェは、元をたどれば千鶴さんのコーヒー好きから始まる。よく休日に、地元・相模原市橋本の駅ビルに入っているスターバックスに、母子で連れだって訪れた。

私も、その店を訪れた。駅ビルの一角で、通りに面した壁一面がガラスの明るい店舗だ。カウンターは窓に向いている。歩道からだと、客ではなく働いているスタッフの表情がよく見えた。

序章でふれたように、一〇歳の奥村さんは、こういうおしゃれなカフェの店員さんになりたいと夢見て、自分宛ての手紙を書いた。

〈20歳のわたしへ。あなたはカフェの店員さんになる夢をかなえていますか〉

机の引き出しからそれを見つけたのは、二〇歳のとき。幼い鉛筆書きの文字に、忘れていた自分の夢を思い出したその日、注カフェの種が心に蒔かれた。

安莉沙さんに取材を重ね始めたころ、どこかつかみきれない不完全燃焼感が私の中に澱のように溜まっていくのを感じた。ひとつ尋ねれば丁寧に、細かい答えが返ってくる。なにかを避けている感じでも、ぼやかすふうでもない。

なのに、このもやもやはなぜだろうと考えた末に思い当たった。事実は語るが、そのときの感情の説明がほとんどないのだ。とりわけ喜怒哀楽の「怒」と「哀」の話が出てこない。自分がいかに苦労したか、そのために努力したかという裏側の話もしない。それどころか、「高校生たちの相談事にいつでも乗れるように、暇ですと書いてほしい」と言う。意図的ではなく、気質からくる無意識の謙虚や遠慮であるように感じ、早い段階で、近しい人から突破口を見つけねばと構想した。

「つらかった記憶を話すのは、今もフラッシュバックがあり、じつは苦しい」と本音を聞いたのは、取材後半、同じ宿に泊まった注カフェ香川の晩だ。

母親に取材を申し込んだ理由は、もうひとつある。

吃音の子どもを持つ親の本音は、二重三重にオブラートに包まれている。吃音の啓発活動をするような意識の高い子の保護者ほど、二律背反に苦しむ人が多い。注カフェで大きな成長を遂げた男子大学生とその母親に、別々に長時間インタビューを終えたあと、「やはり息子の名を出したくないので、仮名にしてください」と要望された。理由は、「自分も仕事を持っていて、子どもの吃音のことは誰にも話していないので、今後もそうしたい」。同情を買いたくないという気持ちもあろう。「書籍は長く残るからと、母が心配していた」と息子さんから、のちに聞いた。

勇気を出して吃音活動に参加。本人は本名でいいと臨んでも、保護者の希望が違う場合があることに、最初は戸惑った。

吃音に対する価値観は、世代によって大きく変わる。

数年後、吃音啓発の歩みを振り返ったとき、「注カフェ前・注カフェ後」と言えるほどに、注カフェはきっと大きな価値観の変換をもたらす存在になるだろう。そこに参加する若者の多くは、吃音をオープンにして周囲の理解を促し、社会全体の意識の底上げをしようという志が高い。

いっぽう親は、吃音は隠すもの、本人にも意識させないほうが治ると信じられていた時代に子育てをしている。価値観が違って当然なのだ。それらの時代背景がわかってくるにつれ、仮名希望の母親の気持ちも理解できるようになった。

そういえば品川区の注カフェ大崎参加の水島典宏さん本人も、左記のように語っていた（九〇頁）。

「自分は、注カフェ参加前は、吃音は隠し通すもの。参加後は、吃音があることをさらけ出すことに抵抗がなくなった。価値観が変わりました」

注カフェ奈良の佐々木琉太さんは、「親が吃音について理解があったら、人生はもっと違っていただろう」と言った。これは、親が吃音を否定しているという意味ではない。

「親は、吃音についてそんなに知識や情報を持っていないので。僕も、苦労を言えば心配させるし、母を悩ませてしまうだろうから、家では吃音について話さない。だから親はわからない。結果、親の理解が浅くなる。そういう僕自身だって、注カフェに参加するまで吃音について勉強したことがなかったので、家でも外でも、自分から壁を作っていました」

彼に限らず、親を心配させたくない一心で、家庭では吃音の悩みを話さないという若者も多かった。前述の仮名を希望した男子大学生も、「母は、自分の息子が吃音であることがいいと思っていません。僕は注カフェを通してたくさんの人に吃音を知ってもらえたらいいと思っているだけ。でも、母の、僕を心配しているからこその気持ちも理解できるので、仮名については同意しました」。

親は子を、子は親を思い合っての齟齬。吃音は隠すべき、という時代に育った世代が、我が子の吃音啓発活動を憂うのも愛あればこそで、仮名の希望も自然な成り行きといえる。

このような環境下で、旗を振ってたったひとりで注カフェを始めた奥村安莉沙さんの家族は、彼女の志をどう受け止めているのだろうと思った。

はたして、母・千鶴さんが語る娘の幼少期は、安莉沙さん自身も初めて知ることの連続になった。

本章では奥村安莉沙さんの一八歳までをたどる。

奥村家のファミリーストーリーの主人公は、「安莉沙さん」とする。下の名前で家族に話を聞きこんでいくと不思議なもので、いつもの凜とした紺ブレにシンプルなデニム姿の彼女が、無邪気で多感な、七歳までなんの悩みもなく育った無邪気な安莉沙ちゃんに返っていく。鎧のとれた素顔の彼女の一端が、見えてくるのであった。

ルーズソックスの小学生

「私も弟にも吃音があったので、出産時から吃音のことは気にしていました」

二〇一一年、吃音の発症に関わる遺伝子のひとつが発見されているが、発症するかどうかは、持って生まれた体質によるところが大きい。※9 千鶴さんは、取材で一聴する限りはわからない軽度だった。

安莉沙さん本人に自覚はないが、細心の注意をはらって接していた千鶴さんが、最初に気づいたのは二歳の『おかあさんといっしょ』（NHK）を見ているときだった。

「連発が出て、あーついにか、と」

早くから吃音について調べ、情報を集めていた。

「当時の新聞に、吃音は、意識させなければ治ると書かれていました。だから家では一切触れないようにしようと決めたのです」

奥村家で、吃音という言葉が話題に初めて出たのは、注カフェ後のことだ。そして、安莉沙さんが自覚するのは小二である。友達から「おかあさんから、安莉沙ちゃんと話すと話し方がうつるから遊ぶなって言われた」と言われたことが発端である。つまり千鶴さん夫妻は、吃音に気づいてから五年間、自覚させることなく伸びやかに過ごせるよう腐心してきたのである。

母音が言いづらいとわかっていたので「お父さん、お母さん」ではなく、「パパ、ママ」と呼ばせた。祖父母は「じーちゃん、ばーちゃん」。発語がストレスにならないよう、「もう一回言ってごらん」は絶対に言わない。

「だからよけい、本人は自分の吃音を意識することがなかったんでしょうね。元々おとなしいほうで、怒ったり泣きわめいたりがない。人からイラッとすることを言われても受け流す。そんな子でした」

おとなしい性格。だからこそ千鶴さんには別の心配もあった。

吃音は治る子もいれば、治らない子もいる。もし治らなければ、友達作りで苦労する日がいつかくるかもしれない。

乳幼児のころは、親子で毎日公園に行った。

「誰かが必ず決まった時間に行くと、みなさんもそれに合わせてきてくれるんですよね」

たくさんママ友を作り、安莉沙さんにも遊び友達ができた。クッキーやプリンなど、手作り菓子でもてなす子連れのお茶会も、２ＬＤＫの自宅でよく開いた。

夕方、奥村邸から九人も一〇人もぞろぞろ出てくるのを見ていた近所の人から、「あんなにたくさん、どうやってお茶してたの？」と、真顔で聞かれたこともある。

半ば無意識ながらも、「安莉沙は、これから友達作りが大変になるかもしれないから、今から友達を、という気持ちがどこかにあったかもしれません」と振り返る。

小学校に入ると、千鶴さんはファッションに気を配るようになった。放っておくと地味な色を選びがちな安莉沙さんに、ピンクの服やひらひらのついたブラウスを選んだ。

毎年四月は、吃音が強く出ること。クラス替えがあるととくに症状が重くなることにも気づいていた。

「女の子は地味にしているといじめられやすいかもしれない。おしゃれにしていたら、そうハズさないんじゃないかと、季節ごとに一緒に服を買いに行ってました。気後れしながら試着する安莉沙に、〃いいよ、すごく似合うよ！〃と、もりあげて。それに、明るい色の服を着たら、気分も華やかになりますものね」

地味派手といじめの関係に、根拠はない。ただ、考えうる芽はどんな小さなものでも摘んでおきたかった。援護射撃しかできないが、せめて親ができることをやっておきたいという気持ちの表れが、おしゃれな服だった。

千鶴さんから聞いた話を後日、安莉沙さんに伝えると、

「ああ、そうだったんですね。知らなかった。だから私、小さいころひらひらピンクの服着せられてたんですねえ」と、飾らない娘の顔になって目を細めた。

「そういえば私、小学生のころ母から勧められて、ルーズソックス履いてたんですよ。はやってるから履いてみたらって言われて」と、追加情報も。

当時、ルーズソックスは女子高生の間で再ブームになり始めていた。先の千鶴さんの言葉を思い出す。「おしゃれな子って一目置かれるところがあるので」。

一目置かれたら、いじめの対象から外れる。おとなしい小学生が、ルーズソックスで登校する姿に、母の切実が重なる。

恐れていたことが起きた日

千鶴さんが恐れていたことが起きた。

小学校二年の安莉沙さんが、からかわれ始めたのを知る。

「私はすぐ連絡帳には書きました。すると〝その子の迷惑になるから書かないで！〟と、珍しく安莉沙に強く抗議された。私がなにか働きかけても、先生に注意されて終わるだけだという現実も、そのとき悟りました」

以来、子育ては迷ってばかりだったと述懐する。

「小、中、高と、〝学校に行きたくない〟って言ったことが一度もないんです。暗い顔をして何かあったはずなのに、どうして、もう行きたくないって言わないんだろう、いっそ言ってくれたらどんなに楽かと内心思っていました。きっと子どもにとっていじめられたという経験は、かっこ悪いこと。言いたくないのでしょう。だから、いつからか〝今日、学校どうだった？〟と聞くのをやめました。家でいやなことを思い出させたくない。学校とはぜんぜん違う世界がひとつあったほうがいい。そのかわり、勉強だけは厳しく言いました。言い過ぎたって今は反省してるくらい。ある程度学力がないと、よりいじめがひどくなるだろうと思ったので」

学校がどうだったか、つらいことはなかったか。心配で胸が張り裂けそうだ。本当は聞きたい。だが、聞いたら思い出す。せめて家庭は、娘にとってつねにあたたかくてほっとする、楽しい空間にしてあげよう。

我が子がいじめを受けたとき、親ができることは極端に少ない。安莉沙さんのように、教師に訴えようとしても本人に止められる。

「安莉沙がいじめられるのは、自分もいじめられているような気持ち。身を切られるように苦しかったです」

それでも、吃音という言葉は出さず、娘の前では一貫して「おとなしいからいじめられるんだ」というとらえ方で通した。最近、安莉沙さんのさまざまなインタビュー記事を読んだ父から、あのときは無力で申し訳なかった、というメールが来た。初めて知る父の胸の内に、「父も、自分以上に苦しんでいたのだなと。謝らせてしまって申し訳ないなと思いました」と安莉沙さんは語る。

当時、自身も苦しんでいた千鶴さんは、親しいママ友ひとりに打ち明けた。すると、こう助言された。

「助けを求めたら全力でできることをやってあげないとだよね。でもサポートが、絶対安莉沙ちゃんの負担にならないようにしないと」

以来その言葉が、手探りで暗がりを歩く自分の小さなつっかえ棒になった。

今、千鶴さんはパートで学童保育の仕事をしている。

もっとおおらかに子育てをしていればよかったと、仕事をしながら後悔しているという。

「安莉沙が〝こんないやなことあったんだ〟と言ったら、〝そういう子もいるよね〟と言ってあげればよかった。えーっ、それはひどい！ってカーッとなってしまって……。もうちょっと親子の距離を取っていれば、安莉沙もいろいろ言いやすかったんじゃないか。負担が減ったのではと悔いています」

あのときこうしていれば、ああしていれば。どんなふるまいが正解だったのか。叱ったのがいけなかったのでは。自分の育て方が間違っていたのでは……。

前述の仮名を希望した母親のように、吃音は子育てがひと区切り付いたあとも、当事者の家族を延々惑わし、苦しめる。それだけ、吃音当事者の育児や教育に関する情報、親が頼れる受け皿が少ない証左だ。

私は先週、化学物質過敏症の児童とその家族、学校のとりくみを扱ったテレビニュースを見た。小学校と保護者が連携をとりながら、化学物質を避けられる環境に教室をリフォームした話が紹介されていた。最近よく耳にする「香害」についての三回特集の一部だった。「子どもの吃音は親の責任」という説が長く言われ続けた時代[※10]を経て、一〇〇人にひとりの吃音当事者の保護者たちには、どんな支援や理解があるのだろう、もしも香害のように症状が目に見えたら、もっと研究は進んだのでは、正しい情報が広まっていたのではと、つい考えこんでしまった。

本書の取材では、注カフェスタッフで「ことばの教室」や「通級指導教室」に通った経験者全員が、小学生の低学年で辞めていた（注カフェの来客では、小四から通い出したという男性がひとりいた）。大人にわからない陰湿ないじめを経験しがちな中高時代の吃音当事者が、心理的支援を相談できる公的機関や団体は、どれだけあるのだろう。

多感で難しい思春期の子を持つ親もまた、長らく――おそらくは現在も――孤立無援である。幼いときから吃音を察知、ファッションや友達作りで奮闘してきた奥村千鶴さんの、小学校二年以降は「せめて家庭を明るく楽しい空間にするしか、なすすべがなかった」という言葉でもわかるように。

思春期ともなると、両親の苦悩を本人が敏感に感じ取るようになる。だからますますひとりで抱え込むようになる。

「母は過保護気味なので、心配させたくなかった」（佐々木琉太さん）、「母にはいっぱい面倒をかけてきたし、母自身も強くないので、愚痴や弱音はできるだけ言わないようにしてきた」（過心杏さん）。

親を思いやる気持ちが、吃音の一〇代を寡黙にする。

「大人は正しいに決まっている」

母と子では、小学校高学年以降の話に、大きな濃淡がある。同じエピソードでも微妙に、事実のディテールが異なる。

当然だ。子どもは心配をかけまいと学校のことを語らない。いっぽう、年齢を重ねるほど、学校のからかいやいじめは巧妙で陰湿になる。

東京の注カフェ中野で、客として参加していた吃音当事者の男性が語っていた。

「小学校は先生が〝だめ〟と言ったら、まあだいたいは聞く。中高生は、〝だめ〟と言われたら、先生にわからないところでいじめをする」

安莉沙さんも、「今まで出会った吃音当事者は、中高時代がいちばんきついと言う人が多かった。この時期に傷ついた子はきっとたくさんいます」と指摘する。

深く傷ついたことほど、親には語らない。であるならば、私が記すことで千鶴さんをはじめとする、吃音当事者の家族を新たに苦しめることにはならないか。なすすべもなくひとり悩み、子どもが巣立ったあともさまざまな後悔に襲われたり、自分を責め続けたりするのでは。

だから、ずいぶんしてから安莉沙さんに尋ねた。――あなたは、どんな覚悟ですべてのメディアのインタビューに、あそこまで率直に応えているのでしょう。

「過去の話をするときは、私も当時の様子を思い出して、つらくなることがあります。両親も同様に、心を痛めていると思います。とくに父は、当時力になれなかったと今も悔やんでいます。ただ、私は包み隠さず伝えていくことで、これから吃音のある若い人たちが生きやすい社会になってほしいと願っていて、親もそれを応援してくれています。そういう自分の家族を信じているので、なんでもみなさんにお話しできます」

薄っぺらな逡巡を悔い、彼女の覚悟に対峙すべく、気持ちを引き締めた。

安莉沙さんの痛みの記憶は、小二の授業参観日に遡る。

国語の授業参観日、音読を当てられた。

休み時間に、教室の後ろで仲良しの男の子の母親に声をかけられた。

「安莉沙ちゃん、うちの子と話してる？」

「話してるよー」

翌日。

その子がタタタと安莉沙さんの机に来て言った。

「喋り方がうつるかもしれないから、奥村と話さない方がいいってお母さんに言われた」

タタタと走り去った。唖然として、その子の背中を見送る。

家庭で吃音を自覚することなく生きてきた彼女は、人生で初めて自分に対して疑問を抱いた。――私の話し方って、まずいのかな。

その日を境に、「奥村さんが話すのを聞いたらうつる」「さわったらうつる」「近づいたらうつる」という噂が、だんだん大きくなっていった。

「廊下を歩くと、人が波を分けたように、通り道ができるのです。大人は正しいと思っていたので、あの仲良しの子のお母さんが間違っているという発想がなかった。私の話し方がだめなんだと、思い込んでいました」(安莉沙さん)

親には言わなかった。他人が間違っているなら、理不尽なことをされたと親に言いつけるが、自分の話し方が悪いと思っているので、むしろ隠した。

五年生になると、「あ、あ、あ、ありがとう」という連発に加え、「………ありがとう」と一音目が出にくい難発が始まった。

その日のことをはっきり覚えている。給食当番で、大きな鍋を給食センターに返すとき、友達に話しかけようとした。喉に言葉がつまり、パクパクと口が動くだけで声が出ない。

「今までと違うと思った。初めての感覚でした。専門的には、吃音のブロック症状といいます。当時はそんなことがわからないので、これからどうなっちゃうんだろう、ずっとこれが続くんだろうか、明日は治っているだろうかと不安に押しつぶされそうでした。結局、その日からブロックがずっと続きました」

喉の奥が閉じたようなブロックは、幼いころから出る人もいれば、吃音が進行したときに出ることもままある。連発や伸発のように、なんとか言葉が出ておしゃべりが続けられる症状と違い、沈黙が続くため本人のつらさは倍増する。ところが、周囲にはむしろ気づきにくくなるので、孤独を深める。困惑する。勢いで言おうとすると、体の動きを利用して言葉を出そうとする随伴運動が出る。安莉沙さんの場合は、自分の意志に関係なく体が動いた。その動きにさらに周囲からのからかいが増す。

六年生の学区対抗の運動会では、会ったことのない他校の子に指をさされた。

「あれが奥村だ。近づかないようにしよう」

ネットはまだない。四年かけて、校内の口づての噂が、他校にも広がっていたのだ。

　しばしば、保護者が吃音についてあらかじめ学校に申し入れをして、学年中に共有されても、別の学年がいる部活動や、他の学校の子が集まる習い事は盲点だったという話を聞く。彼女には、この運動会のほかにも苦い記憶がある。

　小六のとき近所の子に誘われ、柔道教室に通った。違う学区の教室なので、自分の吃音について知っている子がおらず、安心して通えると思った。

　しかし、六回で終わった。

「練習中に突然先生が〝みんな、よく聞け。奥村はな、外国人だから日本語がよくわからないんだよ。うまく返せないけど優しくしてやるんだぞ〟と言いました。私の吃音に気づいて、冗談を交えて言ったのかもしれませんが、生徒たちは真に受けしまい、〝そうだったんだ、知らなかった!〟〝どこの国から来たの?〟と聞かれて。結局〝私は外国人ではなくて、じつは吃音があるんだよ〟と早々に言わなくてはいけなくなり、その日から練習に行きづらくなってしまいました」

　中学は、学区の境界に住んでいたことで、たまたま旧友とは別の学校に進んだ。

「絶対バレないように、中学では誰とも話さないでいようと決めて、入学しました。でも、結局バレました」

担任教師の入院で、若い代替教員がクラスに入った初日。

「自己紹介をしてください」

ア行が言いづらい彼女は、自分の名前でつまる。

「お、お、お……」

良くも悪くもクラスで目立っていた一部の男子たちが「早くしろ」と急かしはじめた。後ろから丸めたプリントがとんでくる。

「先生が引いた目で見てました。ああ私、大人にこんな顔させちゃったんだ。そういう顔されるだめな子なんだと自己嫌悪に。吃音が出ると突然激しく体も動いちゃうので、驚いている人もいた。それもすごく情けなかったです」

そのころから大人になった今も、入学式やクラス替えで自己紹介が多い四月は、一週間くらい悪夢が続いて眠れない。桜が咲くころになると悪夢にうなされて飛び起きる。そして「よかった。もう私は生徒じゃないんだ」と思い直して、再び目を閉じる。

中学時代は、ずっと喉が痛かった。

「どんどん症状が重くなり、話せなくなって……。言葉を絞り出そうとして、喉に無理させちゃうのかな。だから喉が痛くなっちゃうのかな」

どんなに考えても、自分のあしたに希望が持てない。よく、風呂場で泣いた。

「なんで私は、みんなと同じようにふつうに話せないいんだろうって、情けなくなっちゃうんですよね」

風呂なら涙を洗い流せる。

家族に心配させず、悲しみを吐き出せる、唯一の場所だった。

入れぬ大縄跳び

母・千鶴さんは、夫と高校について早くから話し合っていた。吃音について家庭では一切触れないが、娘のいないところではつねに心配し、相談しあっていたのだ。

「こういう言い方が適切かわかりませんが、親の直感として、頭のいい子が多い集団は、話し方を笑うような稚拙ないじめは、しないんじゃないかと考えました。進学校の高校ともなると、そんなことより受験勉強に必死になるでしょうし、部活もあれば忙しい。ある程度の偏差値の高校がいいんじゃないかと、夫と話しました」（千鶴さん）

あるとき、会社員の夫が言った。

「通勤電車で毎日、いろんな高校の制服の子を観察しているんだけど、A高校の子たちってみんな穏やかで、やんちゃな子がいないんだよ。安莉沙には、あの学校がいいんじゃないかな」

さっそく娘にA高進学を提案。「一度一緒に見に行かない？」と誘った。

A高がどうのというより、安莉沙さんは、「とにかくあの嫌な噂と決別したかった」。

地元の子が絶対行かないような、できるだけ遠いところへ。その一心で、片道一時間半のA高に同意した。

果たして、学校の雰囲気もよく、母子ともに気に入り、内申書の成績から推薦で行けることもわかった。

推薦入試当日。道中に付き添うと、帰りの電車で安莉沙さんがボロボロ泣きだした。

「ひとことも喋れなかった」

大丈夫よ、ふだんの成績を見て決めるんだから今日がだめでも大丈夫。千鶴さんは内心の不安を隠し、九〇分の道をひたすら励まし続けた。

無事入学できた高校は、いじめどころではなく驚いた。

「皆自分の勉強に必死過ぎて、私のことなんて目に入らないみたいでした（笑）」（安莉沙さん）

しかし、新しい環境はあいかわらず恐怖の連続だ。

名前や出身地・出身中学の紹介、スピーチ、研究発表、英語検定。

とりわけ日直当番の「起立、礼」「ありがとうございました」の号令が苦しかった。一音目が出ない自分を、みながじりじりしながら待っているのがわかる。号令は部活でも求められる。

日常的に吃音を出してはいけないという思いから、連発が抑圧されるため、日に日に難発が重くなっていた。

たとえて言うなら、「大縄跳びでみんながスイスイ飛び込んでいけるのに、自分だけ大縄跳びの輪に入っていけないような、タイミングがつかめない感覚」（安莉沙さん）。

言いたい考えが頭に浮かんでいても、実際口から出てこない、言えない苦しみは、自己承認欲求が強まる一〇代後半はとりわけ大きなストレスになる。

ある注カフェスタッフ経験者の男子大学生（一九歳）は、難発の苦悩をこう表現していた。

「話せないことが苦しいのではないのです。意見があるのに、ない人と思われることが悔しく、苦しいのです」

生徒会や部活で意見を求められても、うまく言葉が出ない。だから発言してもしょうがない。仮に発言したところで、周囲が気遣って順番をあとに回されてしまう。だから発言しない。結果、「いない人みたいになってしまう」。さらに、考えてもしょうがないやとなにごとにも消極的になる。

彼は言った。「中高時代は、自分の声を忘れました」。それくらい、誰とも話さなかった。

安莉沙さんも、「あの子、いつもひとりでいるよね」と思われているのを、敏感に感じ取っていた。教室や廊下など、周囲の声が大きく響くところでは、吃音が重くなるという症状があった。そのため、自分から話さなかった。

ひとり悶々と抱えこみ、殻に閉じこもっていく。将来を考えれば考えるほど、不安しか出てこない。

もう死んでしまいたい。

どうやったら死ねるか、方法を考えはじめる。

高校二年の六月、定期テストに備え、市立図書館で勉強をしていた。ちょっとひと息つこうと席を立ち、書架を適当に物色する。

あ、中島敦だ。

教科書で習った中島敦の名を背表紙に見つけ、なにげなく手に取った。

『十一谷義三郎、田畑修一郎、北條民雄、中島敦集　現代日本文学全集　第七九巻』（筑摩書房）。

辛子色の厚い布張りの上製本で、現在は絶版である。安莉沙さんは最近、古書をアマゾンで購入した。以来お守りのように、大切に持っている。

インタビューに持参してもらった本書は、一頁に三段で、ぎっしり小さな字が詰まった古めかしい文字組みだった。

安莉沙さんは机に戻り、パラパラとめくったなかで『いのちの初夜』というタイトルに目が留まり、読みだした。気づくと涙がぼたぼた流れ落ちていた。

いのちの初夜

『いのちの初夜』は、尾田という二三歳の男が主人公だ。学生時代にハンセン病（小説表記：癩《らい》病）を発症。一九三〇年代は、感染に関する間違った解釈のもと、全ての患者を隔離対象に生涯施設に入所させる「癩予防法」が制定されていた。

尾田は、人里離れた療養所に送りこまれる前から、つねに死に場所を探していた。

頑丈そうな木の枝を見つけ、病気の宣告を受けてからもう半年を過ぎるのであるが、その間に、公園を歩いている時でも街路を歩いている時でも、樹木を見ると必ず枝ぶりを気にする習慣がついてしまった。その枝の高さや、太さなどを目算して、この枝は細すぎて自分の体重を支えきれないとか、この枝は高すぎて登るのに大変だなどという風に、時には我を忘れて考えるのだった。

（『いのちの初夜』北條民雄著[※11]）

安莉沙さんは、ぐいぐいと引き込まれていった。

（薬局を見れば睡眠剤を思い出し、電車を見れば飛び込んだあとを想像する尾田。木の枝振りを見て死ねるか考えてしまうの、うんわかるわかる）

（二三歳か。私よりちょっとお兄さんの話なんだな）

（癩病は治らない病気だったのか。これはまさに私と同じように、自分の病気に悩んでいる人の話だ）

尾田は、入所した晩、末梢神経の麻痺や、皮膚の病的変化、体の一部の変形に苦しむ患者をまのあたりにし、恐怖と嫌悪に耐えきれなくなり療養所を抜け出す。そして歩き続けた先の松林で、枝に帯を掛け自殺を思い立つ。だが、怖くて死にきれなかった。

（この人、他の重症患者のように、自分もいつか症状が進み、同じようになっていくんだって思うのが怖いんだな。自分の病気を受け入れられないし、嫌悪感もある。……私と同じだ）

「当時の私は、吃音の集いに怖くて行けなかった。もっと進んだ症状の人がいるかもと思うと、どうしても足が向かなかったのです」

尾田は部屋に戻ると、自分と同じように症状がまだ軽く、ふだんは患者の身の回りの世話を担当している不思議な青年、佐柄木に言われる。「僕、失礼ですけれど、すっかり見ましたよ」。

林の中の一部始終を見たというのだ。そして患者を介助しているときのように淡々とした表情で、乾いた笑いを見せる。「やっぱり死にきれないらしいですね。ははは」。

当時の癩者が置かれた人権無視に近い環境と、壮絶な症状の描写が続く。

――一七歳の奥村さんは、この小説のどこにいちばん打たれたんでしょう。

彼女は厚い本を開き、もう何度もそうしているかのように、ぴたりと視線を一箇所で止め、読み上げた。

「でも、尾田さんきっと生きられますよ。きっと生きる道はありますよ。どこまで行っても人生にはきっと抜け道があると思うのです。もっともっと自己に対して、自らの生命に対して謙虚になりましょう」

　意外なことを言い出したので尾田はびっくりして佐柄木の顔を見上げた。半分潰れかかって、それがまたかたまったような佐柄木の顔は、話に力を入れるとひっつったように痙攣《けいれん》して、仄《ほの》暗い電光を受けていっそう凹凸がひどく見えた。佐柄木はしばらく何ごとか深く考え耽っていたが、

「とにかく、癩病に成りきることが何より大切だと思います」

と言った。[※11]

「それまで私は、自分のことを吃音者って認めたくなかった。正直言えば、同族嫌悪に近い気持ちがありました。でもずっと流されるままに、不安や恐怖や孤独に震えていただけ。それが逃げ道になるのか？　佐柄木が言うように、吃音者に

なりきったら。吃音者であることを受け入れたら、そこから始まる新しい道があるかもしれないと気づかされたのです」

まずは吃音者になりきってみよう。

大学に入った四月。

基礎クラスの自己紹介で思い切って宣言した。

「私は吃音があるので、言葉がスムーズに出ないときがあります」

「あっ、そーなんだー」「なにか困ったことがあったら言ってね」で終わり、肩透かしをくらった。

え、そんなもん？　前夜は、吃音を打ち明ける台詞を考え、それに対するクラスメイトの反応を繰り返し想像して、一睡もしていない。そのとき悟った。他人って、自分が思っているほど、相手のこと気にしていないものなのかも——。

その日からどんどん友達が増えた。持ち前の行動力も開花していく。

大学卒業ひとり謝恩会は、そのほんの一端なのである。

母の告白

大学という守られた小島と異なり、社会は無理解の大海だ。

面接がうまく行かず入社試験二〇〇社に落ちた苦難の日々から注カフェ立ち上げまでは、五章に譲る。

本章の最後に、奥村家のその後を記したい。

注カフェの活動は、自分からは家族には告げなかった。

最初にネットで見つけたのは父親だ。

ある日突然、注カフェのツイッターを父親がフォローしてきた。そして、家族ラインにツイッターのスクリーンショットを貼り付け、こんなコメントをした。

〈安莉沙がこんな活動で頑張っているよ〉

「それまで、我が家では私の吃音が話題に出ることは一度もなかったので、母も〝触れてもいいんだ〟っていう感じで、そのときから家族の雰囲気がだいぶ変わりました。あれは素直に嬉しかったですね」(安莉沙さん)

その後父は第一回注カフェに客として参加した。母は仕事で来られなかった。

新聞に注カフェの記事が載ったときは、父から個人ラインがきた。

〈安莉沙が子どものころに、注カフェみたいな機会があったらと、思いました。無力だったパパで申し訳ないです〉

〈私は長いお休みごとにおばあちゃんちに連れてってもらい、自然の中でいろんな遊びを考案することができました。おかげでこういう場所作りができているので、パパに感謝です。安莉沙〉

今も、ネットなどの彼女の情報をいち早く見つけるのが父で、熱心な注カフェウォッチャーらしい。

注カフェを始めた年、母の千鶴さんは身内の結婚式で、親戚に初めて告白した。

「安莉沙に吃音があってね。今こういう活動しているのよ」

それまでは言ってなかった。

吃音のある千鶴さんの実弟だけには、少し前にラインで注カフェの活動を知らせていた。

〈安莉沙ちゃんが吃音って、全然知らなかったよ〉

しばらくして、〈友達関係で悩んでいた娘に安莉沙のユーチューブを見せたよ〉と、弟から知らせがきた。続いて〈勇気をもらったって、娘がすごく感動してた！〉。

学童保育に勤めている千鶴さんは、職場で安莉沙さんのことをまだ話していない。だが、こんなふうに教えてくれた。

「注カフェの映画もすごくあたたかくて、言葉にならないほど感動しました。あの子が映画を作るなんて。しかも吃音啓発をテーマにって。彼女が頑張っているので、私にもなにかできることあるかなって考えていて。〝娘がこういう活動しているのでもしよかったらユーチューブ見てください〟っていうラインを、身近な人から送り始めたところなんです」

安莉沙さんは、多くの若者を変えたが、家族も変えた。

そんな彼女をよちよち歩きの公園時代から支えてきたのは、両親の惜しみない愛情なわけで、今の安莉沙さんの生き方が、育児の答えだ。

吃音の子を持つ親は、自分を責めることが多々あろうが、そのときそのとき精一杯いたわって育んできたことを謝らなくていい。

四章　注カフェ香川同行記

注カフェの企画はつねに八～九件が進行している。少しずつずれながら、奥村さんはその全てに携わる。

やりたいと名乗りを上げた主催者の打診からすべてが始まり、彼女は、ナビゲーターに近い立場で参加。準備は約三カ月前から始まる。

つまり、開催当日だけが注カフェではない。注カフェの真の特性は、準備段階から開催後のフォローアップミーティングまで、ゆっくりチーズが熟成するように若者たちが育ち変化してゆくところにあると、注カフェ香川の立ち上げから併走してわかった。

本章は、注カフェ香川の同行記である。

奥村さんが、開催後、珍しく熱い口調で言った。

「注カフェって、予定通りに絶対いかない。毎回何かしら事件があって、ドラマが生まれる。だから私、やめられないんですよね」

当日にしかないドラマをまのあたりにした私は、声にならない声が漏れることの連続だった。

初の試み〈五月一九日　香川運営者ミーティング〉

注カフェ香川主催者は、独自にクラファンを立ち上げた「さぬき実行委員会」だ。会長の古市泰彦さん（五四歳）が声をかけた香川言友会の仲間を中心に組織された。

古市さんは幼いときから吃音当事者で、地元のケーブル局にテレビスタッフとして勤務している。注カフェは、個人、法人、店、団体など誰でも開催できるが、開催のために、実行委員会が組まれたのは初である。

通常は、カフェスタッフの若者四人＋奥村さん＋主催担当者一～二名で構成。香川は、カフェスタッフ四人、一時間につき客一〇名までは変わらないが、さぬき実行委員会メンバーによる大人の運営スタッフ八人参加が、新しい試みだ。言友会や地元メディアの横のつながりが広い古市さんの組織力の賜物のようだ。ほかに、会場の徳島文理大学香川キャンパスの学生ボランティア、婦人会の協力も得た。クラファンも早々に目標額一四万円を超え、一八万円に。

このような経緯から、さぬき実行委員会による大人だけの運営者ミーティング（八名）・学生だけのスタッフミーティング（四名）・全体ミーティング（一二名）と、初めて三様の打ち合わせが設けられた。

二〇二三年五月一九日。

「運営者ミーティング」が二一時から一時間の枠で行われた。注カフェは本番以外、打ち合わせはすべてオンラインである。私も末席で傍聴した。

運営者の出席は六名で、二〇代は佐藤知花さん（九九頁）と将来小学校で言葉の発達を支援したいという教育学部の男子大学生、あとは古市さん世代の言友会繋がりの人たちで男性だ。岡山言友会で古市さんから声をかけてもらった、吃音の啓発活動に以前から興味があり注カフェはネットで知った、などひとりひとり参加の経緯を語る。司会は古市さんで、互いに、初対面ではないもののじっくり話したことはないという印象だった。

ミーティングでは、六種のドリンク、地元婦人会によるさぬきうどんが提供されることなどが古市さんから報告された。炭水化物のオリジナルフードが出されるのも、注カフェ初である。

奥村さんは、将来的にはどこでも開催できるように、ドリンクはできるだけペットボトルや缶に、フードも簡易なものがベターだと考えている。複雑にしてしまうと、衛生面の心配や各種申請が足かせとなり、結果的に活動の広まりを鈍くする可能性があるからだ。古市さんから、「せっかくなら香川らしいものを」と、さぬきうどんを提案されたときは、とても驚いたという。祭りやイベントで提供に慣れている婦人会の協力も取り付け、万全の用意をするとのことで、すでに準備も整っていた。若者が主体ではなく、大人がさぬきうどんなどを企画し、どんどん進めて、若者が押され気味になっているのもやや気になっていた。

ミーティングで古市さんは、やや連発を伴いながら自己紹介をした。

「私は香川生まれの香川育ちです。でも、この年になってもさぬきうどんの店にほとんど行ったことがありません。順番に並んで、早口でメニューを言えないからです」

だから、うどんだったのだ。若い吃音当事者も、セルフで並ぶスピード優先のうどん店は苦手に違いない。ここでは時間を気にせず、吃音のお客さんにも地元の味をゆっくり味わってもらいたいという願いがこめられている。

そのほか搬入やスタッフの当日の動き、客の誘導、トイレ、車椅子ユーザーの来客への配慮、ＡＥＤの確認、保健所の申請など細かい打ち合わせが進む。

オブザーバー役の奥村さんから、カフェスタッフについて説明があった。

「高校生ふたり、大学生ひとり。あともうひとり高校二年の女の子が参加しますが、この方は中学から不登校で、不安定な部分があります。ふだん家の中で過ごしてきたので、いきなりいっぺんに、たくさんの人が会場にいるような状態にはしたくありません。途中、彼女や、しんどくなった子が休める個室や休憩所を用意して、自由に出入りしてもらえるようにしたいと思います」

休憩スペースは、二〇二二年の注カフェ神戸以降、必要に応じて設けている。

うんうんとみな頷き、ミーティングは順調に進む。

後半、古市さんが、気持ち顔をほころばせて報告した。

「当日はメディアの取材が今わかっているだけでも、テレビ局二社、新聞社五社入ります。テレビはその日の夕方に報道してくれるそうなので、開店後すぐに取材になります。でないと夕方の放送に編集が間に合わないんで」

微妙に場の空気が動く。――そんなに?という不安が、各人の表情によぎった。

奥村さんが、さりげなく口をはさむ。

「テレビ局って、大きなカメラが来ますか?」

「来ます」

「取材はいつでも大歓迎ですが、たとえば取材クルーを、最低限の人数にできますかね。たくさんのカメラがいっぺんに来ると、カフェスタッフの子たちが緊張してしまうので」

別の参加者も指摘をする。

「たとえば、ひとメディア二名として、それがいっぺんに来たら、二桁になっちゃいますよね。カフェの子四名に対してそれはちょっと……」

奥村さんが提案する。

「今回は、心配りが必要な子もいるので、一時間に取材はふたりくらいだといいかもしれませんね。ひとメディアに二名来るなら、一時間一社とか。新聞社は記者ひとりなのでいいとしても、一時間にテレビ局二組だと難しいかな。条件がいろいろありすぎると取材に来てもらえなくなるので、できるだけ規制はもうけたくないのですが……」

前述の女子高生のこともある。そうでなくても、初めての接客に緊張と不安を抱えている若者たちに、よけいな心的負担はかけたくないという想いと、ひとりでも多くの人に伝えたいという想いが交錯する。

自身もテレビスタッフで、メディアの切実な事情を把握している古市さんは食い下がる。

「二時に全社の取材が終わらないと。それが編集作業の時間を確保するギリギリです。二時までに取材ができないなら、〝じゃあいい〟と言われてしまう。せっかく各社の仲間に声をかけて、現場の判断では企画は通らないから、仲間が必死で上を説得してやっと通してもらったものなので。企画を通すのって、簡単じゃないんですよ。だからどうしても、夕方のオンエアには間に合わせたいんです」

「じゃあ、各社人数は最低限にしていただいて、リハの一一時から順番に入ってもらいましょうか」と、奥村さん。

「はい。二時に終われるならそれで」

草の根的に、古市さんが仕事仲間の一人ひとりに頭を下げ、企画書を渡し協力を乞うてきた様子が目に浮かぶだけに、傍聴していた私は一抹の不安が残った。取材してくださいとお願いした身で、「でも各局一名で」とあとから言えるものだろうか。音声・カメラ・取材の三役が必要な他社テレビ局の仕事仲間に。あと半月ある。現在、注カフェは開催されると各地で、ほぼすべての地元主要メディアに報道されている。まだ増えるに違いない。

誰もが注カフェのことを真摯に考えているからこその議論が終わり、奥村さんがまとめの挨拶をした。ひととおり御礼や期待を述べたあと、すっと意を決したように息を吸い、他の注カフェのミーティング動画では見られないひとことを付け加えていた。

「当日は、大人は見守り役で、若者が主役になれるようにしてください。吃音の若者には、さっき言ったように不登校の子もいます。なんとか学校に通っていても、教室では後ろで縮こまっている子も多いです。基本的に彼らの達成感を大切にしたい。大人がやっちゃうと、あーまたやらせてもらえないんだと思ってしまう。注カフェでもやらせてもらえなかったら、もっと傷つくでしょう。縁の下のサポートを、どうぞよろしくお願いいたします。それではお疲れ様でした」

画面を閉じるやいなや私は思わず、ＳＭＳ（ショートメッセージ）を彼女に送った。

〈大人は見守りで。若者を主役に。胸に響きました〉

即返事が来た。

〈たくさんのかたに気後れして言えないかと思いましたが、なんとか最後に注カフェの方針を言えました！〉

そうだ、まだ三一歳なのだと思い出す。

テレビクルーの人数に彼女がこだわる発端は、一カ月前にあった。私の一抹の不安も、そこに根ざしている。

きっと大丈夫　〈愛美さん顔合わせ〉

右記の運営者ミーティングから遡った四月一四日。奥村さんから一通の相談メールが届いた。

〈大平様

いつも大変お世話になっております。

注カフェ香川の初回顔合わせの日程を近々調整していきたいと思っています。その件についてご相談があり、ご連絡いたしました。

今回、不登校（現在は高校を中退）の一六歳女性が注カフェ香川に参加することになりました。以前から、注カフェを応援してくれていた女性の娘さんです。

対人恐怖症のような症状もあり、今までオンラインの画面越しにも映れずお母様を介しての会話や、「はい」「いいえ」の二択での意思表示が基本でした。

先日の、「クラファンサポーター一〇〇人突破記念動画」をオンラインで見たあと、急に注カフェに参加したい！という気持ちになったということで、お母様も驚かれています。

精神的な不安定さもあり、慎重なサポートが必要だと判断しています。

五月一九日のスタッフ初回顔合わせで、オンラインといえども初対面の人といっせいに会うのは負担が大きいので、事前に一対一で、少しずつ知り合いを増やしていく方法をとりたいと考えています。

大平さんも注カフェ香川に密着されるとのことで、お忙しいところ恐縮ですが、一度先に彼女とオンラインで会っていただけますでしょうか？

奥村も同席いたします。顔見知りを増やす、という目的のため取材のような感じではなく雑談のようなイメージです。

長文大変失礼いたしました。ご検討のほどよろしくお願いいたします。

奥村〉

カフェスタッフの初顔合わせとなるオンライン交流会が、ひと月後にある。なんとか一六歳の女性が、スムーズに楽しく参加できるよう、それまでに、一人ひとりとオンラインで引き合わせるというのだ。

八本の注カフェが時期をずらしながら同時進行だった。面談、顔合わせ、ミーティング、個別相談、開催後はアンケート回収、フォローアップミーティング。すべてオンラインで行われる。相手は高校生や大学生なので、必然的にすべて夜になる。毎日、一八時ころから、一時間刻みで二二時すぎまで。そのあと深夜まで、ラインで個人の悩み相談にのることもある。夕食を作る間も気力もなく、カロリーメイトで済ますことが多い。

そのうえ一六歳ひとりのために、私と古市さんとカフェスタッフ計五回のオンラインミーティングをするとは……。次第に私は、取材者として距離感を間違えているのを承知で、食事や睡眠のことをくどくどと助言するようになった。自分の二四の娘、二八の息子と、彼女がかぶるからだと今になって思い当たる。しかし、そのたび「大丈夫です。私、健康なんで」と、するりとかわされた。

高校二年、一六歳の女性は木田愛美《まなみ》さんという。兵庫在住で、二二年一〇月の注カフェ神戸に参加予定だったが、「体調が悪くなり参加できない」と、当日連絡が来た。両親は、吃音について理解が深く、二二年八月から奥村さんの吃音の活動を継続的に支援する「キャンプファイヤーコミュニティ（オンラインサロン）」[※1]のサポーターをしている。

四月一八日、一八時半。

オンラインで奥村さん、愛美さんと対面した。

愛美さんはミディアムヘアで、前髪が目にかかり、やや表情がよみにくいが、髪の内側に金髪のメッシュがさり気なく入っている。女子高生が皆そうであるように、彼女もオシャレ好きらしい。

「……はじめまして。……木田愛美です」

最初の一語に一〇～一五秒ほどかかるが、挨拶もきちんとしている。

私は自己紹介をしたあと「愛美ちゃん、私もそういうヘアカラーやってみたかったんだよ、内側どうなってんの」と言うと、にこりとわずかに口元が緩んだ。

直感的に、気を遣いすぎず、ずかずかとこちらのペースで話しても、受け入れてくれるかもしれないと思った。

吃音当事者は、こちらが思っている何倍も相手に気を遣う。空気を読み、瞬時にたくさんの思考を巡らしながら対話をしている。自分がどう見られているか、相手から嫌われていないか、が気になる若い世代ほどそうだ。もしかしたら愛美さんも、たくさん人に気を遣われるのと同時に自分も気を遣う、そうした会話に少し疲れているかもしれない。

そこから、兵庫の観光情報、愛美さんの愛犬、さぬきうどんがいかにうまいかという雑談が続いた。私がふだん手がけている仕事の話をすると、髪の向こうの瞳がきらりと光った。中学から不登校で、通信制の高校を経て現在は休養している。職業や将来について、むしろ他の一六歳より真剣に悩み、考えているのかもしれない。思い切って問いかけてみた。

――将来やりたいと、考えていることはある？

沈黙をはさみながら、彼女は言葉を重ねてゆく。待つことが約束された空間で話すのは、どれだけ安らかなことだろう。ときに二〇秒も続く沈黙やリズムは、私にとっても心地よかった。注カフェの取材を始めてから、ずっとその感覚を不思議に受け止めている。ふだん、家庭で夫や娘が言いよどんだり、つっかえたり、言葉を思い出せなかったりすると、先読みして「こういうこと？」とか、「なに。早く言って」と食い気味に言ってしまう。逆に私が言葉につまると娘に「だからなに。思い出してから言って」と苛つかれることもある。じつをいえば、年老いた故郷の両親に対してさえ、私はわずかな沈黙にも苛ついてしまうこともある。二秒三秒が待てなかった。

　その場にいる全員が、相手の言葉を待つという前提でいると、沈黙が気にならなくなる。そのうえ、最後まで聞き終えたとき、なんともいえない満たされた気持ちになる。誰も苛つかない丸い時間が、いつも締め切りや時間に追われている自分の心を柔らかくするのだろうか。つっかえても、出てこなくても、同じ語が続いてもいい。いくらでも待つよ、という共通認識で会話をしていると、オンラインも息苦しくない――それまでオンラインの対話は、話の隙間がなくて疲れるので苦手だった――。

　愛美さんとの会話には、とりわけ幸福感があった。最後まで聞くと、若者らしいまっすぐな意志がきっちり伝わるからだ。

「今のところ、まだはっきりはわかりません。でも、動物が大好きなのでペットショップの店員さんになりたいなと思っていて、注カフェという体験をチャンスにしたいです」

――注カフェはたくさんの人に接客するけど、不安はない？

「注カフェは母から教えてもらってずっと気になっていたのですが、前回の神戸では、体調がイマイチになってしまって。でも奥村さんと画面越しにお話ししたりしてきて、二回目に挑戦できることになって、少しずつ変わってきたと思います」

――どんなふうに？

「初対面の人には症状が出やすくてあんまり喋れない方だったんですけど、そこがちょっと変わってきました」

傍らの奥村さんが、相槌を打つ。

「この数週間でも愛美ちゃん、すごく変わったよね。だから大丈夫だよ」

五分、一〇分。時間を刻むごとに、笑顔が増えてゆく。

「香川で会えるのを楽しみにしてるよ！　神戸のおいしいお菓子、お土産に持ってきてねー」

「(笑)。はい、わかりました」

だから二週間後、奥村さんから届いたメールに目を疑った。

〈愛美ちゃんが最近ちょっと人の視線が怖くなってきてしまったみたいで、来月のカフェのスタッフ交流会や今後のミーティングはカメラなしで行いますね〉

視線が怖くなることは以前にも何度かあったらしい。

〈でも注カフェ当日は絶対行きたい！と言っているのでご安心ください！〉

「！」がふたつもある。彼女はきっと来られる。安心して待っていよう、大丈夫と、奥村さんが自分に言い聞かせているように見えた。

助っ人現る　〈注カフェ香川交流会〉

オンラインで初顔合わせをするスタッフ交流会は、愛美さんの体調に合わせ、ビデオなし・音声だけで進めることになった。奥村さんは、急遽、注カフェスタッフとしても客としても経験豊富な兵庫県のOB、三井剛さん（高校二年）をサポートスタッフとして招くことにした。

明るく物怖じをしないタイプで、顔の見えない画面でも朗らかな関西弁で会話が進む。彼は、「初めて参加した注カフェ神戸は、一日があっという間に終わった」「吃音クイズが盛り上がった」「会社帰りの方々が立ち寄って、熱心に僕の話を聞いてくれた、理解しようとしてくれる気持ちが嬉しかった」などの経験談を、愛美さんや岡崎由芽さんに語った。

岡崎さんは、徳島で看護を学ぶ大学二年生だ。

「吃音を理由にいろんなことから逃げてました。注カフェに挑戦することでのりこえたいと思っています」と、少し不安げに小さな声で自己紹介をしていた。

交流会は二六分で終わった。

愛美さんはミーティングで、「不安が消えました」と感想を語り、視線の恐怖はあるものの、前向きな気持ちが伝わってきた。三井さんの参加は、はたからみても大きな支えになっていた。奥村さんは、采配のうまい部活の監督のようだ。

その後、大学三年生の女性がメンバーに加わった。接客に憧れがあり飲食店でバイトをしているが、実際は接客を楽しめていない。少しでも接客に対して前向きになりたいのと、吃音の方々と関わりたいという思いから応募したという。

カメラ、オン〈六月五日　全体最終ミーティング〉

若者四人と、運営者八人の最終ミーティングの数日前、愛美さんから〈カメラがあっても大丈夫です〉と連絡があった。

老若男女の顔がたくさん並ぶ画面で、会長の古市さんは自身の体験を語りかけた。

「私は小三から吃音がひどくなりました。本読み、学級委員の号令が嫌で嫌で、三学期は学校に行かない日もありました。仕事で必要なのですが、今も電話は好きじゃないし、インターフォンも押しにくい。ハンバーガーショップ、セルフのうどん、自分で全部喋って注文するような飲食店はあまり行きません。つい言いやすいメニューにしてしまい、食べたくもないものを注文することになるから」

一斉に、画面の向こうで大人も若者も頭が上下に揺れた。

「食べたくもないものを注文」は、吃音当事者の大半が体験している。スタバで、「グランデ」が言えずしかたなく「ショート」を頼む、ファストフードで、「チーズトッピング」が食べたいのに諦める。最初から食べたいものではなく、言いやすいメニューにする。注カフェの客からも同様の体験を聞いた。セルフでもオーダーを取ってもらうケースでも、順番に言う場面は人知れずプレッシャーがかかる。食べたくもない言いやすいメニューを頼むのは、奥村さんの言葉を借りれば、「吃音あるある」なのだ。

「いちばんしんどいのは一〇代から二〇代だと思います。私もそうでした。注カフェを、進学や就職の場面で一歩でも踏み出すきっかけにしてほしい。そんな想いから、さぬき実行委員会を立ち上げました」(古市さん)

自己紹介は、愛美さんは時間がかかったが、「吃音でも自信をつけたかったから応募してみました。よろしくお願いいたします」と、しっかり画面に向かって動機を述べた。ちなみに、愛美さんは自分の言葉を最後まで待ってほしいタイプであるとあらかじめ表明していた。先読みしてほしい、つまったら飛ばしてほしい、今日は調子が良くないのであまり話したくないという人など、それぞれのニーズを毎回尊重している。

当日のタイムスケジュールの確認のあと、奥村さんは「ドタキャンはやめましょう」というような注カフェマニュアルの一部を読み上げた。
のちに各自に送信されたマニュアルは左記になる。ネイルやクロックスは、注カフェの無記名アンケートからすくいあげた声を活かしている。

〈当日の持ち物・身だしなみについて〉
・立ったりしゃがんだり動きやすく、万が一汚れてもOKな服（しゃがむこともあるのでスカートではなくズボンが好ましい。破れたジーパンや奇抜な恰好はNG）
・動きやすい靴（裸足、クロックス、サンダル、ヒールは安全上NG）
・肩にかかる長さの髪は後ろに結ぶ、長い前髪はピンで留める。
・長い爪は切りそろえて、ネイルアートは落としておく
・必要であれば補助具（筆談器など）（任意）
・お昼（さぬきうどんが出ますが、足りない場合は各自持参してください。会場に自販機はありますが周囲にお店はありません）
・肖像権使用同意書の原本

・笑顔

〈当日の注意事項〉

・場所がわかりにくい場合があるので、時間に余裕を持って到着しましょう。

・ドタキャンは絶対やめましょう。

・衛生上、自分の頭や顔まわりは触らないようにしましょう。

・手洗い、手指消毒をしましょう。

・傷みやすい食材（特に乳製品など）は出しっぱなしにせず、冷蔵庫に保管しましょう。

「カフェスタッフは、お客さんと友だちになるくらいの勢いで、たくさんお話してもらえると嬉しいです。接客は当日じっくり練習する時間があるので安心してください。あとは当日、笑顔で接客を楽しめたらいいかなと思います」と、奥村さんはまとめで告げた。

五日後の開催を控え、最終ミーティングが無事に終わる。このまま当日もスムーズに進むものと思っていた。部活の試合前夜のように、緊張と期待が入り交じる。

腹痛〈六月九日夜〉

注カフェ香川は前日、さぬき市入りした。東京組は私と奥村さんだけである。偶然宿が一緒だった。

と、現地のJR志度駅に着く一〇分前に、長文のSMSが来た。急な事柄を伝えるときに使うSMS、しかもいつも簡潔な短文の彼女から届く長文は初めてのことで、嫌な予感がした。

内容は、愛美さんから今、〈不安がすごいです。今日になって急に緊張してお腹が痛い。明日行けるか心配です〉というラインが来たというのだ。

前回の注カフェ神戸も当日に来られなくなったことを思い出した。愛美さんに限らず、細川杏さん、佐々木琉太さんも語っていたように、注カフェ当日が近づくほどに不安がつのって怖くなる参加者は少なくない。奥村さんは、〈明日、接客が難しかったらお客さんとしてでもいいよ、みんな優しくて愛美ちゃんと話すことを楽しみにしているよ。また不安があればいつでもラインをしてね〉と返信したという。

愛美さんの注カフェ参加は、両親も全面的に応援し、早朝神戸から家族の車で来ると聞いていた。

奥村さんもだが、両親の落胆はいかほどか。とはいえ、どんなに意気込んでいても、見ず知らずの人が大勢いる中に突然身を置く恐怖感が、直前に爆発する気持ちもまた理解できる。人の視線が怖く、社交不安の強い愛美さんならなおさらだ。

あと一六時間。せっかくここまで気持ちを繋ぎ、時間をかけてオンラインミーティングを重ね、愛美さんの緊張の糸をほどいていった奥村さんの気持ちを想像すると、私は引き下がれない気持ちになった。諦めてはいけない。必死にメールを打つ。

〈あとで、ダメ元で、私たちふたりと愛美ちゃんで、ズームやってみませんか？無理強いはせずで。大丈夫だよーって言ってあげたいので〉

〈ありがとうございます！　でも旅館のＷｉ－Ｆｉ環境からすると、電話しかできないかもしれません〉

〈やわらかく、私たちでひと押ししてみましょう。もうすぐ宿に着きます〉

〈かしこまりました！〉

気持ちが後ろ向きになりやすい思春期は、そう簡単に自分を変えられないことを、自分の子育てでも痛感している。無責任な「頑張ろう」は、重荷になるだけだ。

じゃあどうしたらいいんだろう。

スタッフでも客でもないアウェーな立場の私が、「そばにいるよ」と言ったらどうだろうか。一緒にいよう、怖くなったら休憩しよう、スタッフじゃなくてお客でいいから一緒にうどん食べない？と。短い間にぐるぐると考えながら、心の奥底の想像が言葉になって出てきそうになるのを必死で封じた。……でも、だめかもしれない。

古い旅館は、私と奥村さんとお遍路さんのスイス人カップルしかおらず、がらんとしていた。中庭の楓の木が所在無げに枝を広げている。駅から宿まで、コンビニのない静かな街だった。

一九時半。奥村さんが私の部屋に来た。愛美さんと通話する約束をしたのである。不安定な通信環境ながら、私のパソコンでラインのビデオ通話ができるとわかった。しめた。顔が見えるだけでも、思いの伝わり方が違う。熱くならず、できるだけ自然におしゃべりを楽しもう。明日愛美さんが来て、私たちふたりの顔を見たら、ほっとできるように。がんじがらめで腹まで痛くさせている緊張の糸がほどけるように。

画面がつながるなり、私はパソコンを窓の外に向けてぐるりと映しながら喋りだした。

「ちょっとー、愛美ちゃん見てみて。私たち今、宿なんだけどさ、ここ真っ暗でなんもないんだよ。コンビニも一軒も。神戸のお菓子差し入れしてくれるって言ったじゃん。あれ、まじでよろしく」

愛美さんがふきだす。

「ああ……はい……」

「大平さんもいるからさ、愛美ちゃん気楽においでよ」

「……はい」

「愛美ちゃんはスタッフかお客さんになれるからいいけどさ、私の立場なんて完全アウェーなんだよ。歓迎されてないのに、ノートとペン持ってわりこんで、インタビューするんだよ？　愛美ちゃんも不安かもだけど、私だって結構心細いからそばにいてよ」

ごまかしではなく、本音だった。奥村さんや注カフェスタッフは全員、取材に対してウエルカム態勢だが、ひとりでも人数を絞りたい現場に、図々しく割り込んでいく。地元メディアのひとりふたりを調整する議論のなか、私は朝から晩まで張り付く。

注カフェに限らず、取材はいつもどこでもアウェーだ。家から二時間離れた見知らぬ地で、初めて接客をする。一六歳の心細さを少しだけどわかる大人がここにいると、伝えたかった。五分でも、窓の外からでもいいから、注カフェをのぞいてほしい。注カフェのあたたかな空気に触れてほしいという気持ちだけだった。自分の娘と彼女が重なっていた。教員の些細なひとことで、登校したはずの娘が半日京王線の新宿と調布を往復。捜索願を出す一分前に、中学の正門前に現れたと学校から連絡が来たことがあった。半年前からＳ０Ｓがあったのに見過ごしていた。それからも遅刻が続き、いつも心細げだったあのころの娘を、愛美さんの向こうに見ていた。娘はダンスと演劇で、心の扉を開けた。注カフェが、愛美さんの扉になってほしかった。

たくさんの笑顔と一緒にビデオ通話は終わった。

「助かりました。私ひとりじゃどうしていいかわからなかった」

奥村さんが、宿で会ってから初めて笑顔になった。だが、彼女もきっと私と同じ不安を心の底でぬぐえずにいたと思う。

――愛美さんは、あした無理かもしれない。

愛美さん自身も自分と戦っている。体調にも心にも波がある。どんなに笑顔で、どんなにやる気でミーティングを終えても、あとから視線が怖くなったり、不安が大きくなったりする。これまでがそうだった。

退避　〈注カフェ当日〉

会場となる徳島文理大学香川キャンパス一〇号館のロビーは、ガラスの壁と石のタイルがモダンで開放的な空間だった。厨房を借りることができ、九時には一〇名ほどの同大学生ボランティア、婦人会の方々も集まっている。

午前中は準備と会場の大学広報の撮影、リハーサル、昼食を挟み、一二時から営業が始まる。すでにテレビカメラが二組入っていた。

私もあわただしくインタビューを始め、カフェスタッフはエプロン姿で、注文を取る流れを確認している。さぬき実行委員会の面々は、学生ボランティアの輪に入り、吃音の実情や課題についてそれぞれ体験談を語る。

一一時をすぎると、「先に食べちゃいましょう」と、プラスチックの丼に入った黄金色のだしのさぬきうどんが、配られ始めた。かまぼこ、九条ネギ、かきあげがもりっとのった特製。白くつやつやした麺もいかにもおいしそうだ。婦人会や大人のスタッフは見事に裏方に徹し、若者たちが主体となって盛り付けやドリンクの準備をしている。いりことかつおの芳しい香りを放つうどんを勧められ、箸をとった瞬間、インタビューの合間を抜けてささっとやってきた奥村さんが、私の肘をつつく。小声で、窓の向こうを見ながら、「愛美ちゃんです」。

はにかんだ笑顔の愛美さんと、心配そうな表情で彼女に寄り添う両親がいた。ネイビーのボーダーのシャツに斜めがけバッグの父・篤史さんと、ストライプのシャツにパンツ姿の母、よりこさん。想像していたより若々しい。愛美さんはスヌーピーのTシャツにデニム姿。髪をボブに切りそろえ、小さくニコッと笑った。私は思わず愛美さんに駆け寄り、腕を取った。

「よく来てくれたねー！　ありがとう！　こっちこっち、おうどん食べよう」

偉そうにありがとうと言う立場でもないのに、一家三人がどんな気持ちでここまでたどり着いたかを思ったら、口をついて出ていた。

取材対応に忙しい奥村さんが、そっと席を離れる。つねに全体を俯瞰しつつ、カフェスタッフの様子に心を配りつつ、メディアの輪に戻る彼女の薄い背中に、心のなかで声をかける。ここは任せて。

「愛美ちゃん、お土産は？」

「……すみません。忘れました」

「えーっ」

はらはら顔の両親に、「お母様たちは、あちらのテーブルでどうぞ」と促した。会ったこともないライターに仕切られて、戸惑いもあったろうが、ふたりは「ええ、それじゃあ、うん。お願いします」。心配と慈愛にみちたあたたかなまなざしが、名残惜しそうに娘から遠ざかる。

開店一〇分前。

――話が違う。

私はひどく慌てた。メディアの人数が膨れ上がっている。カメラの列がずらりと四人の若者の前に並ぶ。奥村さんを捜しに行ったら、別の単独取材を受けている。カウンターの向こうで、揃いのエプロンを着た愛美さんの目が宙を泳ぎ、顔色が明らかに悪くなっていった。

古市さんに訴えた。

「これじゃあ、愛美さんがもちません」

「休憩室があるので使ってください」

穏やかな調子で返される。

カメラマンの列の後ろから、背伸びをして愛美さんに「大丈夫?」と合図を送ると、首をわずかに横に振る。私は急いで、裏の厨房から回り込み、ついたてで仕切られた会場端のテーブルに誘導した。

ここは、取材と愛美さんの参加を両立させるために皆で考え、用意されたものだ。取材を受けるのがむずかしいときは、カフェの個室のように、その席でほかと同じように接客ができる。

隙間から接客のカウンターが見える。

本来、休憩室として用意された鍵付きの会議室は別にある。しかし、ロビーから離れた個室に入ったらもう二度と出たくなくなるだろう。あのカメラの砲列はどうにかならないか。勝手にいきり立ち、古市さんに抗議をする自分のあつかましさも、メディアに紹介してもらってこそ初めて活動が広がるという奥村さんの切実な願いも、顧みる余裕はなかった。

カウンターで撮影をしていたカメラマンが、あまりにも混み合っているので、半身をついたてのこちら側に入れてシャッターを押している。

送迎や買い出しなど、終始裏方に徹し、愛美さんの様子も気にかけていた運営スタッフの佐藤知花さんも寄り添い、ついたての内側でやり過ごした。愛美さんと、海外で暮らしてみたいことや、家族のハワイ旅行など他愛ない話を交わした。

三〇～四〇分して、取材の列がほどけたころ、おそるおそる愛美さんに聞く。

行けそう？

こくんと、サラサラヘアが縦に揺れた。

ノータッチ〈閉店間際〉

最初からカウンターに立つのは負担がかかるので、愛美さんは厨房裏で三井剛さんとドリンク担当に。注文の波が途絶えると、「一緒に行こうか」と奥村さんが誘い、客のテーブルに話しかけに行った。

臆することなく吃音クイズなど生き生きと会話をし、気づいたら奥村さんがいなくてもほかのカフェスタッフとテーブルを回っていた。

「若ければ若いほど、変化が早い」と、奥村さんはしばしば語る。小学生の注カフェマルシェでは、翌週に学級委員に立候補していた。たった数時間の注カフェの前と後で、表情、しぐさ、言葉、人との接し方がガラリと変わる。成長するんです、と。

愛美さんのあまりの変化の大きさに、私はただただあっけにとられていた。

二時間ほどして、カウンター横に立ち、接客にも挑戦。吃音の説明、オーダー取りも楽しそうだ。「そんなに人は自分を気にしていないし、間違えても笑われないんだという成功体験を注カフェで味わえた」と、後に感想を語ったのは三井剛さんだ。

愛美さんも成功体験を積み重ねながら、カフェスタッフともアイコンタクトを交わし、彼女なりのスピードで少しずつ距離を縮めていった。

一六時から一七時の最後の客一〇人の列に、愛美さんの両親がいた。昼に愛美さんとここで別れたあと、町を見物してくると言って時間を潰し、迎えのため帰ってきたのである。

外からゆっくり、おそるおそる近づく。愛美さんがカウンターで、中年の男性に説明しているのを見て、信じられないという表情になった。

終始、取材クルーが途絶えなかったので、私はカウンターからの撮影を控えていた。一七時一五分。この日初めて注カフェの接客シーンを撮った。愛美さんが両親に吃音の説明をしている。涙がふきあげて困った。

「当日行けないって、けっこうあるんですよ」

愛美さんの母、木田よりこさんは語る。

半年前の注カフェ神戸は、「私が半ば強引にやろうよと誘ってしまった」と、自分を責めていた。

事前のミーティングはなんとかこなしたが、当日の朝、ベッドから起き上がれなかった。

スタッフが無理なら、お客さんで行こうよと声をかけても、体が動かない。

「高校の入学式もそう。駐車場の車から降りないので、無理やり引っ張り出して強引に連れて行った。私が彼女と距離をとれず、負担をかけていたことがたくさんありました。期待したらプレッシャーになる。どこまで言えばいいのか。今も試行錯誤の連続です」

一度諦めた注カフェに、再び挑戦したいと言い出したのは愛美さんだった。奥村さん制作の〝注カフェサポーター一〇〇人突破記念〟動画を一緒に見ていた。注カフェを機に吃音の研究を始めた中澤仁成さん（七七頁）や、スタバでバイトを始めた渡邉隆人さん（五七頁）らが、体験談を語っていた。

翌日、愛美さんがつぶやいた。「やりたくなっちゃった」

「驚きました。きっと、自分と同じ吃音の子たちの活躍している姿が、刺激になったのでしょう」

しかし、よりこさんには、前回の自戒がある。〝やらされて行く〟のは最終的に、本人の負担になる。

今回はノータッチで、距離感を持って見守ろうと思った。だからのんびり答えた。

「一回やってみたかったら、やったらいいよー」

ちょうど注カフェ香川がある。

関東エリアは道中の電車や、人の多さがしんどいだろう。香川なら、車で二時間。日帰りで行ける。

奥村さんの人柄は、サポーターとして知っている。毎月、サポーター限定のブログで、十数枚の活動レポートを報告している。注カフェの旅先から手書きのハガキが届くこともあった。子どもたちの成長を鋭い観察眼で綴る。あの人なら大丈夫だ。今回は全てを委ねた。

途中、視線が怖くなったときも、手助けせず傍観を貫いた。

子育ては、手を貸すことより、何もせず見守ることのほうがずっと難しい。手助けしたほうが早いし、様子もわかり安心する。それは裏返せば、自分のコントロール下に置くことでもある。

よりこさんが、これまでの幾多の思うように行かなかった日々、試行錯誤の道程で学んだことは、「待つこと。結局、それしかないですよね」。

前夜か当日、お腹が痛いと言ってくるだろうと予想した。前夜、そのとおりのことを言ってきた。

「そうだよね。緊張するよね」

いつもなら「大丈夫だよ」と、無責任に言い、なんとしても参加を促すところだ。

「私がどんなに大丈夫だよと言っても、当事者じゃない。それは寄り添ったことにはならないと思ったのです」

当日の朝も、「お腹が痛い」と言う。

「一時から四時までのどっかに行けたらいいよね。とりあえず一回行ってみる？」と、一度だけ聞いた。繰り返しても負担になるだけだ。

やはり、待つしかない。

ゆっくりであったが、起きて支度をし始めたので、ああ、行くんだなと思った。

車で会場に着く直前、「あー、めまいがする」。

会場の扉を開けたとき、「奥村さんと大平さんが駆け寄ってきて……」その先は先述のとおりだ。


会場の片付けが始まった。私は両親へのインタビューを終え立ち上がりながら、尋ねた。今日はどちらにいらしていたんですか。

「ふたりでドライブしていたんですよ。でもさっき、ここに迎えに来る途中もね、ほら」と、夫の篤史さんに話しかける。

穏やかな表情でじっと聞いていた彼が、「ああ、救急車とすれ違ってね」と微笑む。

「ヒヤッとしたんですよ。愛美じゃないかって。いつ連絡が来るかとお互いしょっちゅう携帯見ちゃって、ホント、観光どころじゃない。気が気ではありませんでした」（よりこさん）

以前、東京ディズニーランドで人の多さと音の大きさに体調が乱れ、最後は震えて手足が冷たくなり、途中で退園したらしい。瀬戸内海や讃岐山脈に囲まれた自然豊かなさぬきの街を走りながら、ふたりの心はそこになかった。

育児の正解はどこにあるんだろう、吃音や心に痛みを抱える子にどう接したらいいんだろうと考え出すと、もっと答えが見えなくなる。愛美さんの両親には、根底に揺るぎない娘への慈しみがある。ときには裏目に出たり、ぶつかったり、行き違ったりもするのだろうが、愛情は愛美さんにはしっかり伝わっていると思った。彼女の言葉はひとつひとつが誠実だ。一度注カフェに萎えても二度目に挑戦する勇気、一度ついたての内側に引っ込んでも再び出ていく精神性は、このふたりだからこそ育まれたのだと理屈でなくわかった。

さぬき実行委員会のはからいで、食事の打ち上げに行くことになった。自由参加だが、愛美さんも出席するという。両親は驚きながら、「じゃあ、あとでお店に迎えに行くね」と去っていった。またどこかで嬉しい時間潰しをしなければいけない。

ふたりとも紙コップのゴミを持っていたので、「捨てておきますよ」と声をかけると、篤史さんが振り返った。

「持ち帰ります。あの子が注カフェをやれた記念に」

木田夫妻が去ったあと、私は少々気まずい思いで片付けを手伝った。誰よりも尽力してきた主催者の古市さんに、半端な正義を振りかざし生意気にも物申してしまったからだ。

テーブルを拭いていると、古市さんがすうっと隣に来て、問わず語りに話しだした。

吃音って、なかなか理解してもらえん障害のひとつやと思うんですよ。香川県では、五～六年前までメディアで吃音について大きくとりあげられることはなかった。昔は、メディアも知らんし、触れてはいかんみたいな感じやった。

カミングアウトとかいうけど、一般の人ってそもそも吃音をよう知らんのですよ。ええとか悪いっていう前に、よう知らん。困っとる人がこんなにようけおることは、もっと知らない。

でも、ここ二～三年で大きく変わりました。それは、奥村さんの活動や、テレビや放送の力がやっぱり大きい。

吃音っていうものがあるんやいうこと、こういう場面で困っとるんやと知ってもらうと、小中高の教育や行政機関に、支援を求める声が高まる。そしたら専門家も増え、研究も進むと思うんです。

僕が公に吃音の啓発活動を始めた三年前、別のテレビ局の二〇代半ばの青年が、「じつは僕も吃音があってしんどいです」と明かしてくれました。ぱっと見はわかりにくいんやけど。そう言われてからオンエアを見ていると、気づく。一瞬の言い換えや、言葉が出ない瞬間があるんですね。普通の人は気づかんやろうけど。地方の報道記者はたいがいひとりで取材して、画面の前で話さないかんけん、孤独に、誰にも言わず大変な苦労をして来たんやろうなあと思いました。とくに、〝あと三〇秒話さないかん〟ってときが、しんどいんですって。うん、そりゃたしかにきついやろうと。

僕自身、三年前まで自分からは吃音のことを、周囲の人以外に言うてなかった。テレビや新聞に出て、吃音のことを言うようになったら、同業他社の彼がそう明かしてくれて。彼はその後、吃音をオープンにしたそうなんです。そしたら〝応援してくれる人が多いな〟って感じたという。僕が放送やなんかで自分のことを話さんかったら、彼は今もしんどい思いをしながら、孤独に働いてたんちゃうかなあ。

これがさぬきの注カフェをやろうと思ったきっかけです。

開催しようと決めたときに、一回だけの打ち上げ花火にはしとうないと思いました。

継続して発展していけるようにしたいと、地域の団体や個人、メディアに関わってもらえる方法を考えました。それが、実行委員会形式にした理由です。

密かに、一年後ぐらいにまた注文に時間がかかるカフェをしてみたいなと思うとります。


その後、打ち上げに行った。総勢一五人ほどの大きな輪ができた。愛美さんは岡崎さんの隣でおしゃべりを。私は、地元の方に申し訳ないが運転がないので一杯だけビールを飲んだ。

琥珀色の清涼が気管から内臓、からだのすみずみまで沁み渡った。

五章　オーストラリア、奥村安莉沙の種

地味よりは派手なファッションのほうが女の子はいじめられにくいのでは、という母の思惑のもと、奥村安莉沙さんは季節に一度は必ず地元の駅ビルに親子で買い物に行った。

その帰り、コーヒー好きの母とよくひと息ついたのが、相模原市・橋本駅のスタバだった。

一〇歳のとき、自分への手紙に書くほど、店員に憧れ続けていたが、学生時代のバイトは、マニュアルの言葉が言えないため、早期に接客そのものを諦めた。

精肉店の量り売りでは、「一〇〇グラム、二五〇グラム」という数字がスラス

ラ言えなかった。ブックオフでは「Tポイントはお持ちですか」の、「T」と「お」が出ない。

「スタバは私と同じ若い人ばかりで、みんなスラスラ言えていて、とても自分にはむりだなと最初から断念していました」（奥村さん）

大学二年の夏休みは、相模原の金属工業団地で車の部品を作っていた。毎日、バイト帰りの窓越しに、スタバで楽しそうに働く店員たちの姿を見るときはさすがに気持ちが沈んだ。

吃音を明かして気兼ねなく仲間と付き合えた大学から一歩出ると、社会は試練の連続だった。

入社試験は二〇〇社落ちた。一〇〇の間違いではと聞き直すと、「いえ、二〇〇社です。名前が言えないので、いつも一次面接で落とされました」。

いよいよ就活の残り時間がなくなってきた終盤「やぶれかぶれになり」、唯一あらかじめ吃音を打ち明け、理解の上で受かった介護サービスの会社に就職。訪問介護業務にあたった。

二〇一六年、就職二年目の夏。

大雨の日だった。信号待ちの大きな交差点で、その後の人生を左右する大きなアクシデントが起きた。

介護先に原付バイクで向かう途中、スリップして大型トラックの荷台の下にバイクごと滑り込んでしまったのである。

自分を壊す

顔前に黒いタイヤがあり、そばで排気ガスがプッシューと不気味な音を立てている。

しかし、声を振り絞っても、「誰か」と「助けて！」が出ない。ア行に加え、ふだんから調子が悪いときは、「ダ」と「タ」が出なかった。

とっさに、近くに見えた横断する人の足に車の下から手を伸ばしてすがりつき、引っ張り出された。奇跡的に擦り傷以外はなく、トラックは知らぬまま走り去った。

吃音の苦しさは、「自分の言いたいタイミングで声が出ないこと」と取材した誰もが言う。恐怖感にさらされた数十秒の出来事は、彼女に苦しさ以上に命への危機をもたらした。

そのころ、吃音治療の専門医にかかるかどうか、迷っていた。訪問介護先で自分の名前につまり、「お宅の奥村さん、大丈夫なんですか」と、あとから会社に問い合わせが来たり、「そういえば利用者の○○さん、こうおっしゃっていたわよ」と、吃音についての噂話を上司から伝え聞いたりすることが続いた。職場では大半がメールではなく電話を使う。電話の向こうでイライラされ、強い口調で急き立てられると、余計に言葉が出ない。内勤でも、電話にとくに苦しめられた。

就職と同時に実家を出て、世田谷のシェアハウスで暮らした。外国人の住人が多く、自分だけ会話に加われないことがもどかしかった。英語ができれば、もっと多様な人とコミュニケーションを取れるし、友達になれる。やれる仕事も広がると、オーストラリアへ語学留学を決意する。

バイク事故の半年後、二五歳で渡豪。シェアハウスで知り合ったオーストラリア育ちのパートナーも一緒だ。彼、フィリップ・クズボヴさんは二歳上で、当時は会社員。現在は独立し、翻訳・通訳業を営んでいる。

語学学校に通いながら、奥村さんは吃音治療のためのセラピーを探し始めた。来てから気づいたことだが、オーストラリアは吃音治療が最先端と言っていいくらいに進んでいる。

逡巡したが、バイク事故の恐怖が背中を押した。

「スピーチセラピーは週一で通い、三カ月で言えなかった言葉が言えるようになりました。家でも毎日発話訓練をして、徐々に月一度の通院になり、一年半でほぼわからないくらいに改善された。普通は三〜四年かかると、先生も驚いていました」

彼女は、小説『いのちの初夜』と出会い、「吃音者になりきったことがよかったかもしれない」と振り返る。吃音に臆せず、人と話すことに抵抗がなかったために、会話の数だけトレーニングになった。

発話訓練は、七年経た今も毎日続けている。これがのちに予期せぬ物語を生むことになる。

オーストラリアで、大きな夢を叶えた。念願のカフェで働いたのである。

店のオーナーは、病気やさまざまなハンディキャップを持つ人を店員として受け入れる「社会体験」というプログラムを個人的に実践していた。彼女は無事採用され、四カ月間働いた。無給のかわりに、好きなメニューを一品食べられるというユニークなしくみで、いわばインターンシップのような体験をした。

吃音者はいなかったが、別の病気で発語の不自由な中年男性がひとりいた。身振り手振りで、じつに楽しそうに働いている。

「店員もお客さんもみんな笑ってて、生き生きしているんです。それまで自分のなかに、接客とはマニュアル通りにスラスラ話さなければならないものと思い込んでいました。でも、みんなマイペース。こういう接客スタイルもありなんだと、既成概念が壊れました。これなら私もできるなって」

ガイダンスの際、アンケート用紙を手渡された。

前書きに、〈あなたが安心してやりたいことに挑戦するために、アンケートにご協力を。率直な気持ちを教えてください〉とある。

働くにあたり、自分の要望を細かく書き込む設問が並ぶ。

不安や懸念点を相談できるか、お客さまへの接客はどの程度関わりたいか、今抱えている不安や懸念点、してほしいサポートは……ｅｔｃ．

奥村さんは吃音で出にくい言葉があることなどを綴った。きめこまかさ、事前にこちらの不安や事情を仔細に理解してくれる安心感、アンケートという心理的に伝えやすい手法に感じ入る。

言葉が話せる人も話せない人も同じ空間で活躍できるというこの店が、注カフェのモデルのひとつであり、のちにアンケートの手法も取り入れた。

四〇〇人中三人の貴重な共通点

オーストラリアに一年、クズボヴさんとの結婚、カナダでの日本語教師一年を経て二七歳のとき、夫妻で帰国。

小さな会社で、英語が活かせる仕事をと転職先を探し、希望のひとつの広告代理店に「拍子抜けするほどすんなり」受かった。バイトとしての試用期間があるものの、五社のうち二社合格。彼女は意に介していなかったが、私は二〇〇社落ちた過去との対比に息をのんだ。英語がアドバンテージであるは、さもありなん。しかし、吃音がビハインドとして受け取られる企業の現実とは、これほど如実なのかと。

いっぽう「裏方として自分のアイデアを形にしていくのが根っから好き」という奥村さんが、ここに落ち着くのは自然ななりゆきだった。学生時代のひとり謝恩会から、適性があったのだ。

とはいえ、毎日発話訓練は欠かさず、つねに頭の中で言い換えの工夫もする。

帰国後まもなく、ツイッターに「三日坊主で終わらせないよう趣味みたいな感じで」、練習風景の動画を毎日あげ始めた。すると、次第に一〇～二〇代の吃音当事者のフォロワーが増えていった。吃音のある高校生や大学生から、ダイレクトメッセージやコメントも届く。

〈友達から真似されていじめられています〉

〈〝なんで自分の名前も言えないんだ〟と先生に怒られた。もう学校に行きたくない〉

〈担任からコミュニケーション能力がないと言われました〉

〈自殺を考えました〉

愕然とした。——あのころと同じ。

まだこんな感じなのだという衝撃が、問題意識に変わるのに時間はかからなかった。大人のフォロワーからも、「中高生のころつらかった」とコメントが付く。とりわけ中高生の吃音当事者の現状が気になった。「奥村と話すとうつる」と言われた二〇年前から変わっていないように思えるからだ。

実情がどうなのか、フォロワーさんからアンケートを取ってみよう。結果によっては、テレビ局や新聞社で扱ってもらうよう、個人的に働きかける思惑もあった。

ツイッターでの、吃音の悩みに関するアンケート協力の呼びかけに、四〇〇人から即座に協力の申し出があった。主な質問は「現状で困っていること、苦しんでいることがあったら教えてください」である。

吃音があるためにやりたい職種に就けない苦悩、繰り返し襲われる自殺願望、教師からの質問にひとりずつ答えていく授業で、答えがわかっているのにやっと絞り出した言葉が「パス」だった悔しさ、幼稚園のころからからかいを受け無口になり、本当はおしゃべりが好きなのに今も〝喋らない偏屈な人〟と思われているもどかしさ、就職試験に対する恐怖、「帰国子女？」と同僚からからかわれる社会人の屈辱、レストランの電話予約で受話器の向こうで嘲笑された悔しさ……。

そのなかに、興味深い回答が三通あった。

〈生まれてから今まで一度も、全くつらいと思ったことがない〉

「なぜだと思いますか」とダイレクトメッセージで問いかけた。三人とも共通していたのは、〈周囲が理解してくれる人ばかりだった〉。

「教育現場でも、社会に出てからも、周囲の理解が大事なんだと、あらためて気づかされましたね」（奥村さん）

回答をグルーピングし、可視化してみると、吃音当事者の現状がより明確になった。

・話し方を真似されて不登校に
・ふざけているわけじゃない。吃音で言葉が出てこない
・先生からバカにされた
・いじめを苦に死のうと思った

・答えがわかるのに声が出ない。回答時間がほしい
・差別で希望の職に就くことができない
・職場でハラスメントを受けている
・緊張していると勘違いされ、落ち着くよう指摘されるのがつらい

『吃音当事者は毎日このようなつらい現状に立ち向かっています。どうか私達に力を貸してください』というキャッチコピーをつけて、各社に郵送した。

データ表の最後には、こう添えられている。

〈24時間365日。今この瞬間も吃音で苦しむ人々がいる。レストランで、電車で、家庭でさえも〉

誰にも相談せず、週末にキー局のテレビ各社や全国紙の新聞社に個人名で送った。

「期待したリアクションはありませんでした。そんな大きな会社に送って変に思われたらどうしようとか、こういうのは、やる資格がある人がやるものだという社会の暗黙のルールを、そのときは知らなかったんです、私」

トライアンドエラー

発想力のゆたかさに加え、奥村さんは総じて、アイデアを行動に移すのが桁外れに早い。それは、吃音当事者を取り巻く現状が遅々として改善されないこととと無関係ではなかろう。

ツイッターの声に愕然とした二〇一九年三月の帰国直後から、広告代理店入社の七月まで、吃音の情報収集と〝ひとり啓発活動〟に没頭した。同月末には、アンケート集計をまとめている。

二〇二一年三月に、吃音を持つ子どもたちの挑戦と成長を描いたアメリカのドキュメンタリー映画『マイ・ビューティフル・スタッター』がテレビとインターネットで公開された。公開直後に英語で視聴し感銘を受けた彼女は、三月のうちに配給会社に連絡。メールで翻訳ボランティアをかって出た。

さらに七月末、同作の無料上映会を企画。上映ライセンス料にあてる資金はクラウドファンディングを立ち上げ募集した。三日で目標額達成。八七〇人分・約一三万円が集まり、全国の学校や自助団体に、無料上映の案内を送った。

傍らで見守り続ける夫のフィリップ・クズボヴさんから、当時の様子を聞いた。

「オーストラリアでは、吃音はよくある障害で隠さないし、歯医者さんに行くような感覚であたりまえに言語治療に行きます。ところが日本ではそういう情報一覧があまりない。安莉沙は情報整理に着手しかけたけれど、個人ではなかなか難しくて落ち込んでいました」

彼は、あまり弱音を吐かない妻の心と体を、つねに気遣っている。しかし、夢や志を尊重しているので、口は挟まない。私が彼に取材を申し込んだときも、

「昔の武将がすごかったからって、奥さんのことは伝記に載らないですよね。どうして僕に取材するの？」と首をかしげた。

「安莉沙さんが自分の苦労話をほとんどしないからです」と言うと、彼は微笑みながら頷いた。

「吃音のために将来の夢を諦めるのは損。安莉沙はやりたいことをやり、生きたいように生きるのがベストだと思います」

実際、彼女は立ち止まらなかった。

メディア機関に〈力を貸してください〉と資料を送り、他力を待っているたった今も、吃音のために学校に行けない子が、職場で孤立した社会人が、かつての自分のように苦しんでいる。あるいは生の放棄を考えているかもしれない。

オーストラリアのカフェ体験や国内外のさまざまな個人・団体の活動にインスパイアされ、「注文に時間がかかるカフェ」を着想するまでに、時間はかからなかった。

二〇二一年八月、住んでいたシェアハウスで一日だけの注カフェを開店。

「広告の仕事をやめようとは夢にも思っていなかった。ポケットマネーで、年に一度でもできればいいと思っていました」

スタッフはツイッターで募集。仙台から駆けつけたのが、過心杏さん（三二歳）である。客は、シェアハウスと近隣の住民および友人だ。

少しでも吃音への理解が広まればと、知り合いのメディアに声をかけたら四社がきた。

それが図らずも大きな記事やニュースになり、各地の注カフェの扉が次々開いていく。

「それってひどくないですか?」

職場に注カフェのことは伏せていたが、半年経たぬうちにニュースで「これ、奥村さんだよね?」と、上司に聞かれた。意味のある活動だねと、否定はされなかった。

しかし、奥村さんは徐々に退職を考え始める。

「せっかく留学までして得た職なのに、転職してまもなくコロナ禍になってシフトが減り、休業日がどんどん増えていきました。ちょうど事務仕事の総務から広告運用を任される業務に変わり、じつは吃音のことで再び不安が増大したころとも重なりまして。いろんな無力感におそわれ、絶望したのです」

退職して注カフェの活動に専念しようと思ったのは、展望をもって希望に燃えたからではないのか。

絶望という意外な単語を咀嚼しきれずにいる私に、「その辺のことは記憶が曖昧で」と彼女の口は重い。あまり思い出したくない記憶なのだろう。桁外れの行動力で、会社を退職して注カフェの活動に専念したと勝手に想像していたが、そんな簡単なものではなかったのだ、自分でも予測できないことのある吃音当事者の体と心は。

転職して六カ月後、中国で新型ウイルスの感染者が報告される。奥村さんが勤める会社はインバウンドの客を対象にしている。

「英語を一から勉強して、やっと会社に入れて、さあこれから私の人生上向きだぞと思っていた矢先に、コロナ禍で開店休業のような状態になりました。そのうちオリンピックも延期になり、今でこそコロナは三年で収束したとわかりますが、当時はこの日々がいつまで続くかもわからない闇の中にいるようでした」

おりしも、広告運用という主要な業務を任されたばかりだった。総務のころと違い、人前で話したりプレゼンしたり、クライアントに説明する機会が増えた。ところが慣れない緊張から吃音が出て、思うように話せない。

「うまく話せないのではという不安がストレスになり、苦しくなるいっぽうでした。あたりまえですが、人と話すことはどんな仕事にもあって避けては通れない。どんな仕事をやってもそこにぶつかるわけで、自分の人生が上向きにならないことに失望していきました」

仕事がない。あってもうまく話せない。八方塞がりの気持ちがとうとうはじけた。どうとでもなれ。

「どうせ一度しかない人生なら、貯金を使って本当にやりたかったことをしよう。貯金が尽きたら、そこで人生が終わってもいい」

いちばんやりたかったのはカフェの店員さんの夢から生まれた注カフェである。定収入がなくなれば、バイトでつなぐ生活になる。クズボヴさんに相談した。

「仕事には、生きるための仕事と社会のための仕事のふたつがある。安莉沙は、社会のためひと筋でいいんじゃない？」

二〇二一年一〇月、退職。

精力的に注カフェの活動を始めた。

あるとき、注カフェスタッフの学生に、収入がないので生活費はすべて貯金を切り崩していることをなんとなく漏らすと、抗議された。

「え、じゃあ奥村さんの貯金が尽きたら、注カフェやめるんですか？」

「まあ、そういうことになるよねえ」

「それってひどくないですか？　無責任じゃ？」

「うーん。そう言われても……」

「始めたのは奥村さんだけど、僕たちも一緒に作り上げています。続けられる方法を考えてください」

たしかに、なにごともスタッフと話し合って決めてきた。そのとき教えられた。ひとりでやっていると思っていたが、注カフェはもう自分のものではない。

翌年六月、奥村さんの吃音についての活動全般を支援するサポーター募集を月額五〇〇〇円で開始した。

一〇カ月で一〇〇名を突破した。マンスリーにすることで定まった資金が入るようになった。

「誰かひとりが頑張る活動には、必ず限界が来る。ロジスティックのマニュアル化や資金確保によって、いつ私が倒れても誰かが続けられる。持続可能なものを目指そうと意識する節目になりました」

客と主催者、現場の声

注カフェ香川の当日。屋外で、客の誘導をしていたさぬき実行委員のメンバーの五〇～六〇代男性たちにインタビューしたときのこと。

「吃音は、統計では男性が多いと言われていて、古くからあるうちの言友会も男中心でした。女性でも吃音者はいるんだけど、なかなか自分からは言わないので、ずっと隠れた存在。悩みを言う場もないんですよね。注カフェは、奥村さんが女性であるということが、とても画期的で尊い。女性の吃音当事者で、ああいうふうに積極的に啓発活動を始めた人は、彼女が初めてなんじゃないかな」

「吃音当事者ってね、接客業は最後お金で必ずつまずくんです。数字は言い換えがきかないから。客を待たせられないし。だから無料にしたのは正解だよね。お金の計算をしなくていいから活動の会計も楽だし、シンプルだよね」

「俺たちは客のテーブルを回って吃音クイズとか、オンラインの会議とか、考えもつかなかった。アイデアウーマンだよね」

注カフェ中野で、客として参加した塩田直彦さん（三八歳）は会場で涙ぐんでいた。ユーチューブを見てやってきたという。

「僕は幼稚園のときから吃音があるのですが、言葉につまるとよく、〝ゆっくりでいいから〟とか〝緊張しなくていいから〟って言われたんですよね。違う、この注カフェみたいに、皆が正しい知識を持ってくれて、待つことをいとわないあったかい世界が僕のころにもあったら……。今の若い子は、注カフェがあってよかったなと心から思いました。僕はしかたないよねと思って生きてきたけど、どもっても諦めずに一生懸命挑戦する姿を見ていたら、なんだかこみ上げてきちゃいました」

塩田さんは、小一のとき忘れ物の体操服を届けるため、兄の教室に行った。教員へ説明する際に言葉につまったら、「みんなの前で先生に真似されました」。ちょうどドラマの『裸の大将放浪記』が人気で、友達に「あの人のマネ」と言われたことも。

「きのう実家の母に、〝こういうのに行ってくるよ〟と電話をしたんです。小さいころ、言葉の教室には通わされたけど、吃音という言葉は家庭ではタブーだった。注カフェのおかげで、話せてスッキリしました」

同じく注カフェ中野で、女子高生と母親のふたり連れがいた。ドリンクを飲んだあとも、なんとなくその場にいる。と、母親が客の切れ間にカフェスタッフの女子大生に話しかけた。

「この子が、質問があるそうなんです」

娘は遠慮気味に一歩後ろにいる。見るからに、母に連れられてきた感がある。

「うん、なになに。何でも聞いて」

意を決したように、細い声で「まわりに自分の話し方を笑われると、自分も迎合して笑いたくもないのに笑ってしまう。そんな自分をあとで嫌悪したくなること、ありませんか」。

連発を伴いながら、大学生は「あるあるだよー」と微笑みかけた。

「そうしないと自分を保てないこと、私にもあるよ。私は出てこない言葉がいっぱいあるの。でも自分の心は騙せない。だから最初に〝ハイッ〟ってリズムをとったり、足を手でトントン、手の平をトントンしたりして、自分の声をききとろうとする。笑ってごまかさない。自分を雑に扱うと、人にも雑になる。自分を待って、自分を大事にしてあげてね」

見る見る、本当に見る見る高校生の声にハリが出て、そっと遠くに引き下がる母と入れ替えに、「わかります。〝ハイッ〟とか〝あー〟とか、最初に言うと喋りやすいですよね！」と身を乗り出し、最後は昔からの友達のような女子トークになっていた。

注カフェの動画を見て埼玉から来た四八歳の男性は、バイク修理の職場に吃音当事者がいて、うまく付き合いたいのでと駆けつけた。

「吃音について予習してきたつもりなんですが、アドバイスは必要ないとか、勉強になりました。なにより、若い人たちから、どかんとエネルギーをもらった。取引先にも吃音らしき人がいるし、通っているジムにもいる。どう接するのがいいのか、なかなか直接聞けなかったので、今日はホント来てよかったです。店員さんたちがみんな笑顔ってのもいいですよね。待ち時間まで楽しかった」

注カフェ中野を主催した㈱イベント21は、トンネルの貫通式や記念式典などを企画・運営する社員一五〇名余の大規模なイベント会社だ。担当の尾高良美さんは、自社が運営する中野駅前の屋外イベントに、注カフェを招来しブースを作ったきっかけを語る。

「当社の代表が注カフェさんのニュースをテレビで見て、〝私たちが学ばせていただきたい〟とお声をかけさせていただきました」

飲料無料、接客体験を目的としたスタイルは、会社初だという。

「始まる前からすごい行列で驚きました。あわててコーンや椅子を調達したんですよ。すでに注カフェ自体のファンがいるし、ひとり客も多い。ロールモデルのない奥村さんの斬新な試みが、これだけ受け入れられていることは、非常に興味深いです」

参加するスタッフだけでなく、主催者も客も、注カフェ香川の古市泰彦さん（一五〇頁）が語ったようにときに吃音を隠して働いてきたメディアの人間をも、一緒に育んでいる。

時間を区切って各社に取材してもらうシステムは、第一回注カフェ後に奥村さんが依頼したアンケートがヒントになった。記者からの声も参考にしたく、初回だけアンケートをとったのだ。

〈どのようにしたら取材しやすいと思いますか？〉という質問に、テレビ局のひとりが「時間で分けたらいいですよ。そのほうが我々も聞きやすいし、奥村さんもカフェスタッフのみなさんも圧迫感がなく、緊張が和らぐでしょう」。

当然ながらその時点で自社取材は終わっている。損得抜きの記者の提案が、以降の注カフェ取材に生きている。

見えない使者

マンスリーサポーターだけが見られるブログがある。『活動レポート』と題して第二回から毎月報告書がアップされる。

PDFで一〇〜一五枚。写真や動画もふんだんに使われ、その月に行われた注カフェのレポート、客から寄せられた応援メッセージボード、進行中の全注カフェのミーティング報告とズームの画面写真による打ち合わせ風景、メディア取材の詳細に、OB・OGのその後の活動が詳細に綴られている。すべて奥村さんのライティングだ。

その初回に、ツイッターで奥村さんのアカウントにメールを送ってきた社会人のケイさんという男性へのインタビュー動画が上がっていた。

奥村さんはケイさんの顔も本名も知らない。オンラインで一〇分ほど彼女が質問をしている。ビデオ画面はオフのままだ。

彼は注カフェを取材した、NHKのニュースをめぐる母とのエピソードについて語っていた。

ケイさんは、親が吃音に理解がなかった。小学校から言葉のことでいじめられていたことも、社会人になっても転職を繰り返していることも知っているが、「なぜ?」と聞かない。家で吃音が話題になったことは一度もない。

幼いころに言葉の教室に行ったこともなく、親は吃音に対して無関心に感じられた。

「吃音がない親に、吃音の苦しさを一〇〇パーセント理解してもらうのは無理。でもせめて、自分が吃音で苦しんでいることに寄り添ってほしかった」とケイさんは語る。

仲が悪い訳ではないが、吃音に一切触れないことにわだかまりを感じ、気持ちが通じ合っているかと言えばノーだと彼は言う。

ＮＨＫで注カフェのニュースが放送されることを知り、彼は思い切って、前日に母に電話をかけた。

「明日こういう放送があるから見て」

多くは語らない。ＮＨＫなら見てくれるかもしれない。でも、見ても理解してもらえなかったらどうしよう。それを知るのは怖かったが、知らせるだけ知らせようと思った。

オンエア後、こわごわ電話をかけた。

「見た？」「うん」「どうだった？」「――」

鼻をすする音が聞こえる。

「お前も若いころから苦労していたんだね。なにもしてあげられなくてごめんね」

〈それから親との壁がひとつなくなりました〉と、奥村さんにツイッターでメールをしたことが、インタビューのきっかけになった。

注カフェは、顔も名前も知らない、注カフェに訪れたことが一度もない見えない人たちの力にもなっている。日本のどこかの、見知らぬ親子のほころびを繕うこともある。

死守

「せっかく、注カフェに参加したのに、全然接客ができなかったということには絶対したくない。そういうことがないよう万全の注意を払っています」

これだけはと思っている信条はなにか尋ねたときの奥村さんの返答だ。まっすぐこちらを見て、毅然とした口調だった。

——たとえばどんなことでしょう。

「高校生や大学生だと、時間に遅れることもしばしばあります。遅れて入ると誰でも気後れするし、罪悪感で気持ちが落ちやすい。だから責めません。そのかわり、集合時間は告げますが、必ず遅れた子のためにこちらで準備を講じておきます。在来線で二県も三県もまたいで始発でやってくる人も多い。寝坊しちゃったとか、彼らなりの理由がありますので」

注カフェ香川では、最寄り駅から会場のキャンパスまで徒歩四〇分ほど。車で一〇分以上ある。若者は車の足がない。そこで運営スタッフの大人が、定時に車で迎えに行ったが、「遅れる子もきっといると思うから」と、奥村さんは一五分後に第二陣の車をあらかじめ依頼していた。結局、遅刻者はいなかったが、そんな些細なことで、カフェの閉店までもしも気持ちを立て直せない子がひとりでもいたら悲しいという彼女の切実な思いが伝わる方策だと思った。若者の繊細さを把握しているからこその気配りだ。

「私は暇ですから、前日でも当日でもいつでも何でもメールをください」と、必ず最終ミーティングでは言い添える。注カフェの前夜に、〈声が出なかったらどうしよう。不安でたまりません〉とメールしてくる若者がいるからだ。

「勢いで応募しても、本番が近づくほど不安になりやすいものなんですよね。なにしろ、ほとんどの子が、人生で初めて接客をするんですから。それと、自分を振り返ってもそうですが、若い子は、吃音があることで悩みのループにもはまりやすいので」

〝応援してるよ〟も、〝頑張って〟も言わない。「大丈夫だよ」といくら言っても、吃音はなくならず、ほっとできないことは自らの体験で織り込み済みだ。

「喋れなかったらどうしようと不安になる子に、精神論は通用しません。それより具体的な提案をします。ホワイトボードを持ってお客様に接するのはどうかな？とか」

親でも友達でも先生でもない。

世界にひとり、吃音の自分の理解者がいるという安心感は、奥村さんが子ども時代に絶対に手に入らなかったもの。だから、夜中二時まで人生相談が続いても、ビデオ通話を切れない。

「先週も、夜中まで話していて、切り際に〝こんな感じで月に二回くらい電話してもいいですか？〟と言われて、さすがに睡眠時間があーと、心のなかでツッコミを入れました」

肩をすくめて笑う。幼かったころほしかったものを整えて提供することで、自身も癒されているのかもしれない。

「全品無料には、ふたつの理由があるんですよ」と彼女が明かした。

有料にすると、地域ごとに営業許可が必要になるため。

もうひとつは、有料にして、仮に品質が客の思っていたものと違ったりすると、もしかしたらクレームが来るかもしれない。カウンターで文句を言われたり、客の感想ボードに書き込まれたりしたら、どれだけ傷つくことか。

あらゆるクレームから、カフェスタッフを守りたい。失敗したらどうしようというプレッシャーをできるだけ下げたい。だから飲み物はできればペットボトルでいいし、無料がマスト。「社会に出る練習価格。だから〇円なのです」。

二〇〇五年施行の「発達性障害者支援法」で、吃音は支援対象に含まれた。吃音症は発達言語障害のひとつであると定義づけられたのである。[※12]

自閉症、ＡＤＨＤなど発達障害についての理解は、近年急速に広まり、学校での支援対策も進んだが、吃音症が発達障害のひとつであるということ自体、教育現場はもちろん、当事者や保護者にもあまり知られていないと、九州大学病院耳鼻咽喉・頭頸部外科医の菊池良和氏は指摘する。※13

氏は、周知が進むと教員の理解が得やすくなる、次の担任への申し送りもスムーズになるだろうし、吃音の悩みは個人の問題ではなく、法律で支援対象とされている以上、国や自治体が積極的に対策を進めることが望まれる、と著書『吃音のことがよくわかる本』に綴っている。

吃音は障害かどうかという問いに、奥村さんは「障害という言葉に対するイメージや、周囲に吃音であると話すかどうかは、年代、地域、人によっても大きな差がありますが、私は障害ととらえています」と答えた。

ただし、吃音の症状自体が障害という意味ではない。吃音は、認知や理解が不足しているため、差別や偏見で傷つく人がたくさんいる。「そういう社会が吃音者を生きづらくさせている、社会には障壁があるという意味で、障害だと思うのです」。

その障壁を取り除くのは、個人ではなく社会の責務だと考えている。

「個人が抱え込むと、自分が悪いんだという考えに陥りやすく、社会とも壁ができ、理解も協力も進まず、結果、孤立が進みます。そこで、当事者もどうしてほしいか声を上げていく必要があります。当事者の悩みや困りごとを、当事者ではない人が察するのは難しい部分があるので」

年齢が上がるほど、吃音は隠したいという意識が強まる。逆に、奥村さんが最近会った小学三年生は、「これが私の喋り方だから」と言うので、びっくりしたらしい。

仙台の過心杏さんは二〇二三年四月、地元で注カフェを主催した。盛況に終わったが、じつは仙台市内からは、カフェスタッフの応募がひとりもなかった。心杏さんは「東京のような都市部と違い、まだまだ閉鎖性が強い地域もある。吃音啓発の難しさを実感します」と、肩を落としていた。

奥村さんも地方に行くと、大都市に比べて支援の手の少なさを実感する。

「コミュニティが狭い地域では、吃音を知られたくないという若者も多い。自分は参加したいが親の同意書が貰えなかったという子もいます。祖父母が反対したという子も。でも注カフェはお客としてきた子が次にスタッフとして応募してきたり、終了後、地元で交流会をやったり波紋の広がりを感じます。それから、地方にもマンスリーサポーターさんがいます。この方たちは多様な職業で、これからいろんな形でお力を借りたり、コラボなどができるのではと考えています」

アイデアをたたえた目がキラリと光った。

ただ、現在の作業量でも、キャパオーバー気味だ。老婆心ながら体が気になった。危惧をふりほどくように、彼女は続ける。

「注カフェで、どんどん変化していく子たちの姿を見るのが最大の幸福です。最初はオンラインの向こうでお母さんの陰に隠れていた高校生の西川未空君が、注カフェ後は明るく私に未来を語る。心杏さんも杏さんも佐々木君も、みんなみんなそう。何かしらの変化や成長する姿を見るのがいちばん嬉しいんです。ちょっと変な話なんですが、介護の仕事をしていたときに同僚が、〝ありがとう〟って言われるのがやりがいですと言ってたんです。でも私には、人に感謝される喜びというのが全然ない。〝ありがとう〟はいらない。言葉より、目線の合わなかった子が、注カフェが終わるころには合うようになったり、明るくなったり、笑顔が増えたり、〝生徒会に立候補しました〟とか〝英語のカンファレンスで発表しました〟と報告してきたり、小さくても大きくても、相手の表情や変化を見たとき、いちばんやりがいを感じます」

朝、お腹の痛かった愛美さんが、注カフェの打ち上げまで参加する姿に、「だからやめられないんですよね。注カフェって」と、眩しげな表情で語っていた。

「私は、彼や彼女らによって、小五のころの夢を叶えてもらってる。こんな嬉しいことはないです」

けれども。

数度目の取材の最後。私は思い切って尋ねた。

——喜びもやりがいも、あのころと何も変わっていないという吃音当事者を取り巻く環境への怒りも、よくわかりました。でも、それだけで正職をなげうって、活動に打ち込めるだろうか。昼も夜もない。最初のころは休みもあまりなかった。毎週木曜を休みにしたのは最近ですよね。どうしてそこまでできるのか。どれだけ聞いても、どこかすとんと腹に落ちないのです。教えていただけませんか。

いつも、心の深淵にたどりつけていないという実感をぬぐえずにいた。最も近いクズボウさん、母の千鶴さんに聞いてもわからなかった。奥村さんは、ふたりにも話していない、もしかしたらいまだ乾いていないものがあるのかもしれない。

南の島

日が沈みかけた公園の隅のカフェで、彼女は語る。

中学二年の冬休みに、絵の宿題が出たんです。毎年、学校独自のコンクールがあって、入賞すると体育館で、こだわったところやテーマを発表しなければなりません。

学年は四クラス一二〇人。私なんかが前に出たら、絶対笑われると思いました。でも、色鉛筆でおせち料理の絵がたまたまうまく描けちゃったんです。絵を描くのは好きだったので。

母にも、「これは絶対入賞するよ！　よかったね」と言われました。それを聞いたとたん、自分が笑われている光景が浮かんだのです。体育館で生徒の注目を浴びながら、青ざめて口をパクパク動かしている自分。笑う生徒や先生。背中からさーっと血の気が引きました。

私はすぐさま消しゴムで消して、それでも消えなかったので上に紙を貼り、わざと下手な絵を描いて提出しました。利き手と反対の右手で。

淡々と、なんでもないようにつとめて表情を崩さず語っているように見えた。

痛みは風化しない。

ふだんは隠れている生々しい傷を眼前にかざしたのは、インタビュアーの私のためではない。自分のような思いをこれからの子どもたちに絶対させたくない。だから活動に打ち込むのだし、こうして活字に残すことへの協力という選択をしたのだろう。

「安莉沙はおっとりしているから、人の三倍努力しなきゃだめだよ」

と、よく母から言われた。「なぜ〝三倍〟なのか。今もよくわかりません」。

一四歳の出来事をもうひとつ。

「音読の練習が、家でもうまくできなくて、机に突っ伏して泣いていたのです。学校でもうまく読めないのに、ついに家でもかって。そしたら母が、〝これ、読んでみな〟と、私の横に新聞をぱっと置いてったんです。小学生の自殺が増えていたころで『いじめられている君へ』という鴻上尚史さんの文章でした」

見出しは「死なないで、逃げて」。

〈あなたが今、いじめられているのなら、今日、学校に行かなくていいのです。〉という一文で始まる。奥村さんは、逃げていいというメッセージに引き込まれた。

そして、最後の〈南の島〉という言葉に、胸をつかまれた。

だいじょうぶ。この世の中は、あなたが思うより、ずっと広いのです。
あなたが安心して生活できる場所が、ぜったいにあります。それは、小さな村か南の島かもしれませんが、きっとあります。
僕は、南の島でなんとか生きのびた小学生を何人も見てきました。
どうか、勇気を持って逃げてください。

（朝日新聞二〇〇六年一一月一七日掲載※14）

「そうか。そういう場所があるなら、いつかそこに行けるように絶対頑張ろうと思いました。その南の島が、私にとってきっと二五歳のオーストラリアだった。今度は注カフェが、悩んでいる子たちの南の島になってほしいのです」

注カフェには、黒地の揃いのエプロンがある。備品の管理と運搬は彼女の担当で、前日に、自宅で全員分のアイロンを掛ける。このとき「おまじない」を唱え、願掛けをするらしい。

一枚一枚着る子の顔を想像しながら、

「明日、この子たちが、自分の伝えたい気持ちを、伝えられますように」。

終章　旅の終わり

〈病院の待合室で気絶しました。病名は腎盂腎炎です〉

注カフェ香川が終わり、ひと息ついたころ、奥村さんからSMSが届いた。

即入院を勧められたが、注カフェの予定が立てこんでいたのと小学校での講演もあったので断り、一旦帰宅。その晩高熱が出て、再び救急外来に駆け込んだという。

急遽、講演はオンラインに、注カフェのミーティングはOB・OGに司会を依頼した。

水分摂取不足が直接の原因で、「注カフェの最中や、家でもオンラインミーティングをしていると、なかなかお茶や水を飲む時間がなくて」と漏らす。遠因は、疲労とオーバーワークであると、本人もよくわかっていた。

驚くより、やはりという気持ちのほうが強かった。

マンスリーサポーターの特典用に、定期的に活動報告と手書きの葉書を送っている。東京では事務作業やオンラインで時間がないので、注カフェで行った旅先で、バスを待つ間スーツケースを机にして、葉書を書くことも。万事その調子で、手を抜けない彼女の直近の課題は、右腕をつくることでは。そう言うと、一段明るい声になった。

「注カフェは就労体験の場。私が正しい働き方をしなくてはと、うすうすは思っていたのですが。病気になって、はっきり気が付きました。私が休んだら全部止まってしまうんですよね。だから思いきって、注カフェ経験者全員で作っているライングループで、〝アシスタント募集〟をかけたんです」

大学二年と高校三年のふたりが、名乗りを上げたという。現在、アシスタントとして、メディアへの手紙書きと、面接を担当。謝礼を支払っている。

とはいえ、病気の完治からまだ間もない。また以前のように駆け回っているので、本当に大丈夫だろうか。

「大丈夫です！　最近お料理もやるんですよ。そう、それからアシスタントができたおかげで、新たな企画書を作る余裕もできました」

苦笑するしかなかった。生来、のんびり自分を甘やかせない人なのだ。……しかし、企画書とはなんだろう。


取材過程で、やりきれない思いを何度も味わった。個人ではどうすることもできない壁を知ったときだ。おそらく吃音啓発の課題にも通じることで、大きくは二点ある。

一点は、何度も書いてきた世代による認識の違いだ。

本人が注カフェ参加を強く切望する。未成年が同意書を提出する際は、親も協力的だ。だが、本番が迫ると、「親戚が反対している」「祖父母が反対している」などいろんな理由で、ストップがかかるケースが後を絶たない。

最初は我が子の積極性を喜び、応援をかって出るのだが、時間を経るごとに、名前や顔の公表に対するリスクが心配になってくるのだ。注カフェの意義を尊重していても、我が子がとなると話は別という気持ちは理解できるがゆえに苦しかった。

いっぽう、「私は（僕は）こういう喋り方だから」とあっけらかんと話す小学生も増えている。

「私は吃音で、言いづらい言葉があります」と自己紹介をしたら、「へえそうなんだ」と友達に流された奥村さんの学生時代とも、また違った流れが生まれている。

中高年ほど、吃音をいまだにタブー視しがちだ。そのため、親と子で注カフェの受け止め方に齟齬が出る。

注カフェの報道で、吃音の認知や理解が広がってほしい。奥村さんはその一心で多様なメディアの取材を受け入れている。微力ながら本書も、その一助になることを望んでいる。

もうひとつの課題は、教育現場の無理解である。

先生に真似された、からかう友達を止めてくれない、音読や発表が苦手なのを努力不足と決めつけないでほしい、九九を全部言えても制限時間を設けての暗唱テストだとできないことを理解してほしい、吃音があることによる合理的配慮を求めると「前例がない」「特別扱いはできない」と言われる……。

取材では、「教員になって言語教育に携わりたい」「吃音に理解のある教育者になりたい」という複数の若者と出会った。中野区、品川区、さぬき市の注カフェでは、スタッフ・客の双方に、教育過程で学ぶ学生が必ずいた。自分のような思いをさせたくない、教育を変えたいという志が、その道に向かわせるのだと解釈するのは早計だろうか。

学校教育の早期に、吃音の正しい知識を伝えることは不可欠なので、私は教育を学びたいという若者に会うたび希望を感じた。

ところが、大学の教員過程でつまずく吃音当事者は少なくないのだと、奥村さんは指摘をする。

「教育課程には、しばしば模擬授業があるそうなんです。実際の採用試験でも、模擬授業は試験課題になっているので。でも、教授の前で授業をすると、〝もっと早く話しなさい〟〝そのような話し方では、教員になるのは考え直したほうがよい〟と言われることがある。だから、〝教師になりたいけど模擬授業が怖い〟

〝教育実習ができないかも〟と、悩む人が多いのです」

無理解は、大学教育の場でも歪みを生んでいる。

注カフェという南の島で、新たなエネルギーを蓄えた若者が教員になって、今度は教室を南の島に変えてほしいのにと、やりきれなさでいっぱいになる。


時間ができたからって、無理したらまた倒れるかもだから、あんまり頑張りすぎないほうがいいですよ。

言っても聞かないだろうとわかっていながら、また取材者の立場を忘れて彼女におせっかいな忠言をした。かろうじて最後に、自分の仕事を思い出し尋ねた。

――で、新しい企画書ってなんですか。

「教員志望の学生が、吃音が出ても安心して模擬授業を練習できる環境を作りたいんです。廃校を借りて、教員役と生徒役はネットで募集して。採用試験と同じように、簡易指導案を作成してもらい、五〇分間の模擬授業をしてもらいます。一日だけの模擬授業体験。開催費はクラファンで募ります。一日でも、自信になると思うんです」

目を輝かせ、今にも駆け出しそうな勢いだ。
――プロジェクトの名前は？
「『号令に時間がかかる教室』です」

注カフェはコロナ禍に生まれたばかりのプロジェクトだ。本書企画を打診されたとき、物語として紡ぐには、日が浅すぎると率直に思った。私から見たら、我が子に近い年齢の奥村さんを、ノンフィクションの題材としてとりあげることにも、戸惑いがなかったといえば嘘になる。人生の残り時間にどれだけの作品を書けるか。自分の中でカウントダウンを感じ始めたころだった。

奥村さんの語り口に惹かれ、心杏さんの歌に導かれ、それでも注カフェを追う旅を始めると、こんな私にも変化があった。

市井の人の台所から人生を描く、ライフワークのような取材を一一年続けている。向き合うお相手のなかに、もしかしたらこの方は吃音があるかもと察するようになった。一瞬の言い換えの間《ま》、一瞬の同じ音だけのつまり。確かめていないので、もしかしたら違うかもしれない。こう推測されることを良しとしない当事者もいるだろう。

だが私は、気づける自分になれたことに感謝している。無駄な相槌や言葉の先取りのかわりに、相手の言葉を待つことができるようになった。

先を急がなくてもいい。沈黙は恐れるものではなく、ときに安らぎと信頼をもたらすもの。待つから、聞ける本音もある。

台所で三〇〇人余インタビューしてきて初めての経験だった。きっと、今までにもいたはずだ。

吃音に限ったことではない。人の多様性にどこまで心を寄せてきたか。私は、具体的な多様性の現実に気づく力が弱かった。

たとえば吃音の重さと悩みの深さが比例しないように、症状にかかわらず、人との向き合いかたはひとりひとり違うのだと、注カフェにとりくむ奥村さんの背中から学んだ。

そう知った今、吃音当事者の前向きな行動だけを絶賛する報道や風潮に、苦しみを感じる人がいるかもしれないと気になり始めている。まだまだ見えていないものはたくさんある。

ひとりの少女の、一〇歳の引き出しの奥でしわくちゃになっていた夢が、私を注カフェに会わせてくれた。

そして、待つことの先にゆたかな喜びがあること、他者に寄り添うことはひとりひとりの違いを慮ることであると教えてもらった。

それを知っているのと知らないのとで、私のあしたは小さく変わる。本書を読んでくださったあなたのあしたもきっと。

—— 出典

※1 吃音の理解を広める活動を、継続的に支えるサポーター制度。注カフェの活動資金を募るためにプロジェクトごとに立ち上がるクラウドファンディングとは別。後者は主として、各地の主催者が行う。

※2 『吃音のことがよくわかる本』九州大学病院耳鼻咽喉・頭頸部外科 医学博士　菊池良和著（講談社）P60-61

※3 「エビデンスに基づいた吃音支援」菊池良和（第55回日本心身医学会総会ならびに学術講演会　教育講演）

※4 『吃音のことがよくわかる本』P68

※5 『どもる体』伊藤亜紗著（医学書院）P149-150

※6 同 P163

※7 明治安田生命保険相互会社　全国同姓調査（2018年8月）

※8 言友会とは吃音を持つ人のセルフヘルプグループで、1966年以降、各地に誕生。68年には全国組織に。

※9 『吃音のことがよくわかる本』P17

※10 『吃音のことがよくわかる本』P14

※11 『十一谷義三郎、田畑修一郎、北條民雄、中島敦集　　現代日本文学全集　第七九巻』「いのちの初夜」（筑摩書房）

※12 国立障害者リハビリテーションセンター　発達障害情報・支援センター「各障害の定義」
http://www.rehab.go.jp/ddis/understand/definition/

※13 『吃音のことがよくわかる本』P74

※14 『朝日新聞デジタル』2015年8月30日（朝日新聞2006年11月17日再掲）
https://www.asahi.com/articles/ASH8Z52PTH8ZUEHF00J.html

—— 参考文献・ウェブサイト

『吃音のことがよくわかる本』九州大学病院耳鼻咽喉・頭頸部外科 医学博士　菊池良和著（講談社）
『どもる体』伊藤亜紗著（医学書院）
『きよし子』重松清著（新潮文庫）
『吃音——伝えられないもどかしさ——』近藤雄生著（新潮社）
『国立障害者リハビリテーションセンター研究所　感覚機能系障害研究部　吃音について』
http://www.rehab.go.jp/ri/kankaku/kituon/

※口絵撮影 / 波多野侑馬（見開き写真）、大平一枝（奥村安莉沙さん近影）

※本書に登場する人物に関わる情報は、すべて取材当時のものです。

――「注文に時間がかかるカフェ」の関連サイト

◉「注カフェ」に参加したい、スタッフになりたい方へ
公式 HP：https://peraichi.com/landing_pages/view/kitsuoncafe/
X（旧 Twitter）：https://twitter.com/kitsuoncafe
Instagram：https://www.instagram.com/kitsuoncafe/

◉奥村安莉沙さんの活動をサポートしたい方へ
公式ＨＰ：https://community.camp-fire.jp/projects/view/570070

◉映画『注文に時間がかかるカフェ』を観たい方へ
公式ＨＰ：https://stuttermovie.hp.peraichi.com/

◉『号令に時間がかかる教室』に興味がある方へ
公式 HP：https://kitsuonclass.hp.peraichi.com/
X（旧 Twitter）：https://twitter.com/kitsuonclass
Instagram：https://www.instagram.com/stutterclass/

大平一枝（おおだいら・かずえ）

作家・エッセイスト。長野県生まれ、東京都在住。市井の生活者を独自の目線で描くルポルタージュ、失くしたくないもの・コト・価値観をテーマにしたエッセイ多数。著書に『ただしい暮らし、なんてなかった。』『男と女の台所』（平凡社）、『それでも食べて生きてゆく　東京の台所』（毎日新聞出版）、『紙さまの話』（誠文堂新光社）、『昭和式もめない会話帖』（中央公論新社）などがある。

注文に時間がかかるカフェ
たとえば「あ行」が苦手な君に

2024年 1月 9日　第1刷発行
2024年11月26日　第2刷

著　者 —— 大平一枝
発行人 —— 加藤裕樹
編　集 —— 野村浩介
発行所 —— 株式会社ポプラ社
〒141-8210 東京都品川区西五反田3-5-8
JR目黒MARCビル12階
一般書ホームページ www.webasta.jp
印刷・製本 —— 中央精版印刷株式会社

© Kazue Ohdaira 2024 Printed in Japan
N.D.C.914/239P/19cm/ISBN978-4-591-18039-6

落丁・乱丁本はお取り替えいたします。ホームページ（www.poplar.co.jp）のお問い合わせ一覧よりご連絡ください。
本書のコピー、スキャン、デジタル化等の無断複製は著作権法上での例外を除き禁じられています。本書を代行業者等の第三者に依頼してスキャンやデジタル化することは、たとえ個人や家庭内での利用であっても著作権法上認められておりません。

P8008446